凝煉知識品味閱讀

婚禮顧問

Wedding Consultants

李佩純 Patty / 張以嫻 Elsa /
青青婚宴文創集團婚禮顧問團隊 著

作者簡介

李佩純Patty

現職

- 專業婚禮顧問講師

經歷

- 典華幸福機構
- 婚訂愛資源整合股份有限公司執行副總
- 2004至今，婚訂愛婚禮服務10年
- 服務新人800對以上
- 藝人&政商指定婚禮顧問
- 典華幸福機構整合長婚禮顧問及主持
- 阿瘦集團羅水木總裁鑽石婚婚禮顧問及主持
- 綜藝大哥大張菲娶媳婚禮顧問
- 藝人NONO&朱海君婚禮顧問
- 藝人白吉勝（阿Ben）&徐小可婚禮顧問及主持
- 藝人唐志中（Jason）&小咪婚禮顧問及主持
- 藝人郭宗坤&柯以柔婚禮顧問及主持
- 藝人許效舜&造型師陳愉婚禮顧問
- 藝人黃鐙輝&其其婚禮顧問
- 藝人阿翔（陳秉立）&小公主婚禮顧問
- 藝人沈世朋&李新婚禮顧問及主持
- 藝人宋新妮婚禮顧問
- 球星田壘婚禮顧問
- 球星張智峰&藝人嚴立婷婚禮顧問

教學／演講

- 婚訂愛內部培訓講師
- 典華幸福機構DTF講師
- 華岡興業（文大）婚禮顧問培訓講師
- 台科大婚禮顧問人才培訓講師
- 元智大學婚禮顧問人才培訓講師
- 實踐大學婚禮顧問人才培訓講師
- 學學文創婚禮顧問人才培訓講師

張以嫻Elsa

現職

- 當代時尚婚禮顧問總監
- Elitiana艾莉緹恩精緻手工婚紗創辦人

經歷

- 長榮國際股份有限公司、中泰賓館、晶華酒店、礁溪老爺
- 舉辦上千場婚禮經驗
- 藝人李佩甄小姐與王祚軒先生婚禮
- 亞太電信董座公子婚禮
- 藝人小禎婚禮
- 富邦產物保險董座千金婚禮
- 藝人柯以柔婚禮
- 港務局局長公子婚禮
- 上市公司：介面光電董座千金婚禮
- 新藝術博覽會貴賓之夜
- 海碩集團長公子婚禮
- 中國銀行週年貴賓之夜
- 兩岸交流之夜貴賓海協會會長陳德銘
- 上市公司東和紡織五十週年晚會

教學／演講

- 台北市政府圖書館禮俗講座
- 耕莘健康管理專科學校
- 嘉南藥理科技大學
- 經國管理學院
- 眞理大學
- 實踐大學時尚婚禮顧問學士學分班授課講師
- 扶輪社認識婚禮講座
- 獅子會經驗分享講座
- 萬能科技大學教學卓越計畫「雙師制度」之婚禮企劃課程教學
- 萬能科技大學102-103年度教學卓越計畫「教師赴公民營機構深度研習」——婚禮顧問發展與規劃研習之授課講師

青青婚宴文創集團婚禮顧問團隊

謝偉鼎Eddie

現職

- 青青食尚花園會館營運長

經歷

- 致鼎人資發展管理顧問公司顧問師
- 婚禮現場300場以上實務經驗

教學

- 萬能科技大學102-103年度教學卓越計畫「教師赴公民營機構深度研習」——婚禮顧問發展與規劃研習之授課講師
- 康寧醫護暨管理專校企業講師
- 時尚婚禮企劃師乙級證照輔導實務密集班講師
- 勞動部勞動力發展署雙軌訓練旗艦計畫種子師資講師
- 萬能科技大學化妝品應用與管理系「婚禮顧問人才培育學分學程班」授課講師

陳怡均Jill

現職

- 青青格麗絲莊園營運長

經歷

- 婚禮顧問1000場以上實務經驗
- 異國主題婚禮30場以上實務經驗

教學

- 萬能科技大學「教師赴公民營機構深度研習」——婚禮顧問發展與規

劃研習授課講師

- 康寧醫護暨管理專校企業講師
- 時尚婚禮企劃師乙級證照輔導實務密集班講師
- 實踐大學婚禮顧問學士學分班授課講師
- 勞動部勞動力發展署雙軌訓練旗艦計畫種子師資講師
- 萬能科技大學化妝品應用與管理系「婚禮顧問人才培育學分學程班」授課講師
- 醒吾科技大學企業講師

黃維靖Jimmy

現職

- 青青婚宴文創集團特約主持人

經歷

- 財團法人台北市文化基金會活動行銷企劃
- 婚禮顧問300場以上實務經驗
- 青青食尚花園會館婚禮企劃部副理

教學

- 時尚婚禮企劃師乙級證照輔導實務密集班講師
- 中華民國全國中小企業總會活動主持技巧講師
- 救國團中國青年服務社活動主持技巧講師
- 萬能科技大學化妝品應用與管理系「婚禮顧問人才培育學分學程班」授課講師

前言

婚禮顧問已成爲現代新人籌備婚禮時必備的選擇之一，專業的婚禮顧問師必須協助新人處理婚禮籌備過程的所有繁雜事務，幫助新人打造一場完美浪漫的甜蜜婚禮。

婚禮顧問的服務內容相當繁雜，從傳統婚禮儀式、婚禮流程規劃、婚禮周邊商品廠商建議、婚禮布置規劃、婚禮現場氣氛掌控、婚禮預算控制、婚禮主持等，爲客户設計一整套的婚禮方案或計畫，以滿足他們的需求，即使是新人未預期或未意識到的需要，也需盡告知的責任與義務，提供完善的服務，都包含在婚禮顧問的服務項目裡。

本書匯集許多婚禮產業的婚顧老師們多年豐富的經驗讓你/妳更了解婚禮顧問所要具備的專業知識及觀念，更希望對婚禮產業有興趣的人一起投入幸福產業！

目錄

第一章　婚禮市場分析

李佩純（Patty）

章節說明

壹、台灣婚禮市場概況

貳、台灣婚禮顧問產業概況

參、未來婚禮產業趨勢

肆、學習評量

伍、參考文獻

學習目標

——研讀本章內容後，學習者應能達成下列目標：

1. 了解台灣婚禮市場概況。
2. 了解目前台灣婚禮消費市場。
3. 了解台灣婚禮顧問市場。
4. 了解未來台灣婚禮市場趨勢。

重要專業詞彙

——本章歸納總結重要專業詞彙，便於學習者理解記憶：

1. 婚禮產業
2. 婚宴產業
3. 婚禮顧問

壹、台灣婚禮市場概況

一、台灣婚禮市場概況說明

結婚，是人生重要大事之一，未婚的男女經由相識、相戀到攜手步入紅毯的另一端，共組幸福美滿家庭，是人生過程中相當重要的里程碑。而結婚對多數人來說，是一生一次的經驗，所以多數新人相當重視，對於婚禮的花費也較大方。因此使台灣的婚禮產業蓬勃發展，婚禮產業所包含的範圍甚廣，產業鍊包含了喜餅、喜帖、婚紗、婚宴、婚戒、婚禮紀錄、新娘祕書、婚宴會場布置、婚禮小物、婚禮樂團、婚禮顧問、婚禮主持、婚禮影片、蜜月旅行、新居裝潢、新居用品等，依據內政部統計數據指出，每年有將近十萬多對以上的新人結婚（表1-1），每年產業總值超過千億元。

表 1-1　台灣地區歷年結婚對數

	2008	2009	2010	2011	2012	2013	2014
結婚對數	154,866	116,392	133,822	165,305	142,846	147,486	149,287
粗結婚率（‰）	6.7	5.0	5.78	7.13	6.14	6.32	6.38
初婚年齡－男	31.1	31.6	31.8	31.8	31.9	32	32
初婚年齡－女	28.4	28.9	29.2	29.4	29.5	29.7	29.7

資料來源：內政部統計資訊網

而現代人生活忙碌，結婚雖然是人生大事，但是也往往無暇處理婚宴繁瑣的事項，像是挑選宴客場地、試菜色、挑婚紗、買婚戒、印喜帖、拍婚紗、找喜餅……等。所以現今準新人多是選擇喜餅、婚紗及飯店，三者組合成的傳統婚禮，由於風格各異缺乏整合，因此導致婚禮多半單調乏味，事多繁雜，籌備喜事反而變成了一件苦差事。

因為看到這種需求，近年來國內已有業者引進國外行之有年的「婚禮顧問」（Wedding Planner）。也就是消費者以付費的方式，聘請有經驗的第三者協助結婚與婚宴的相關事宜安排。由於民情不同，剛開始婚禮顧問在國內並不普及，僅少數人接受這種額外付費，請人幫忙張羅婚禮大小事的觀念。但是經過這幾年的演進，加上婚宴市場的高度競爭，有些飯店及婚宴會館，已將「婚禮顧問」服務（多數使用「婚禮企劃」服務這個名稱）放入新式婚宴專案之中。因消費方式的轉變，婚禮顧問已成爲新人籌備婚禮時不可或缺的幫手。因爲新人的需求，婚禮顧問迅速成爲婚禮市場的熱門話題，婚禮周邊產業也開始了空前的整合；漸漸地，婚禮顧問也由高不可攀的奢侈品，普及成每位新人籌備婚禮時的必需品。

二、婚禮消費市場概況

婚禮消費市場所涵蓋的範圍極廣，包括婚宴、婚紗攝影、喜餅、喜帖、禮車、婚禮百貨、花店、會場布置、樂團、錄影、音響、燈光、MV製作、結婚蛋糕、送客小禮、飯店餐廳、外燴、新娘祕書、金飾珠寶、蜜月旅行、禮服、美容保養、海外婚禮、嫁妝、新房修繕、家具、結婚貸款……等等。凡新人於籌備婚禮過程當中所需的消費皆可歸類在婚禮產業。

從新人所需的婚禮消費中，我們可以區分爲籌備婚禮的「必要消費」及「加分消費」。

（一）婚禮的必要消費

何謂「必要消費」，指的是有九成的新人在籌備婚禮的過程中一定會有的花費，且缺一不可。最主要的內容爲婚戒、婚紗、婚宴、喜餅、喜帖。新人依照自己的婚禮預算，尋找合適的婚禮廠商。

表 1-2 婚禮必要支出價格參考

項目	低價位	中價位	高價位
喜餅	300-500	500-700	700-900
婚紗	3 萬 -5 萬	5 萬 -7 萬	7 萬 -9 萬
婚戒	4 萬 -8 萬	8 萬 -12 萬	12 萬 -16 萬
喜宴	1 萬 2-1 萬 6	1 萬 6-2 萬	2 萬 -2 萬 8
喜帖	20-40	40-60	60-80

資料來源：本作者整理　　單位：新台幣

（二）必要消費說明

1. 喜餅

表 1-2 的必要支出價格參考中，中低價位的喜餅多半為市場上「量產式的喜餅」，例如：郭元益、大黑松小倆口、禮坊……，而高價位的喜餅多數為現在較流行的「手工喜餅」，因量少且較為精緻，價格相對較高。例如：月之戀人、詩特莉……。而影響喜餅價格最主要為：品牌知名度、喜餅盒外包裝、內容物的製作方式及分量，皆是決定喜餅的定價方向。

2. 婚紗

拍攝婚紗是許多新人決定要結婚時，第一個決定的消費項目。目前台灣除了傳統婚紗公司外（例如：Julia 、林莉、蘇菲亞婚紗…… ），近年來更吹起來「自主婚紗」風潮，由新人自主挑選喜愛的攝影師、造型師及選擇自己喜愛的婚紗禮服，由自己安排拍攝行程。與傳統婚紗公司最大的差異性則是新人多了更多的選擇外。傳統婚紗公司的價格多半有婚紗照片張數的限制，如加挑則需額外付費。自主婚紗多皆標榜照片全數提供，是吸引現代人選擇自助婚紗最大的誘因。但是傳統婚紗公司也提供了自主婚紗所沒有的「方便性」，對於工作較忙碌的新人，選擇一家婚紗公司，等於完成了所有細節，因爲婚紗公司已經爲新人一手包辦了拍攝婚紗的大小事。當然，也有業者看中了新人喜好，將自主婚紗及傳統婚紗的優點集於一身，提供新人更多元化的選擇，也成爲目前市場上婚紗的主流。（例如：sosi 喜喜婚禮、Pure 婚紗……）。

3. 婚戒

結婚戒指代表著一對新人對於彼此一生的承諾，因此在籌備婚禮上是不可或缺的消費。表 2 的婚戒價格以新人接受度較高的 30 分鑽戒爲參考，依照婚戒的品牌和鑽石本身的 Color（顏色）、Clarity（淨度）、Cut（車工）、Carat（克拉重量），簡稱 4C。鑽石等級愈高價格相對提高。

4. 喜宴

目前台灣舉辦喜宴的場地可分爲三類：一般餐廳、婚宴會館或是星級飯店。也因舉辦的地點不同，依據菜色、服務及裝潢價格略顯不同。

5. 喜帖

喜帖是新人向親友宣布喜訊的重要工具，而價格也根據喜帖的品牌、設計、印製材質及加工程度而有所不同。表 1-2 的參考價格，皆以目前市場上的「套版」或「半客製」的喜帖爲主。

（三）婚禮的加分消費

「加分消費」是新人在籌備婚禮過程中可有可無的消費，新人依婚禮的需求選擇購買。有了可以爲婚禮加分，如果沒有並不影響婚禮的進行。主要內容爲婚禮紀錄、新娘祕書、婚禮顧問、會場布置、婚禮樂團、婚禮小物及其他婚禮周邊廠商。

表 1-3 婚禮必要支出價格參考

項目	低價位	中價位	高價位
婚禮布置（迎賓區）	2 萬－4 萬	4 萬－6 萬	6 萬－8 萬
婚禮顧問（流程．場控．主持．影片）	2 萬－3 萬	3 萬－4 萬	4 萬－5 萬
新娘祕書（3 套造型）	1 萬－1 萬 5	1 萬 5－2 萬	2 萬－2 萬 6
婚禮樂團（1 位樂手）	7 千－9 千	9 千－1 萬 1	1 萬 1－1 萬 3
婚禮紀錄（拍照或錄影，4 小時）	6 千－1 萬	1 萬－1 萬 4	1 萬 4－1 萬 8
婚禮小物（量產商品）	20 元－40 元	40 元－60 元	60 元－80 元

資料來源：本作者整理　單位：新台幣

（四）加分消費說明

1. 婚禮布置

表 1-3 以新人婚禮上最常布置的區塊—迎賓區爲主。範圍包含了拍照區、相片區及收禮區。而價格最主要的差別來自布置區塊的大小、花材的用量及選擇，當然也包含了設計師的設計風格，這些都是影響布置價格的重要關鍵。

2. 婚禮顧問

婚禮顧問服務的範圍其實很廣泛，表 1-3 以新人在籌備婚禮的過程中最常選用的婚顧服務：流程規劃、婚禮場控、婚禮主持、影片製作爲主。價格也依不同婚禮公司的經營分類方式而有所不同。

3. 婚禮樂團

婚禮樂團是婚禮氣氛營造的重要推手，一般在婚禮上常見的樂團配置有小提琴爲主的古典樂，或是以薩克斯風爲主的爵士樂，新人可依自己的喜好選擇。而一般婚禮上的樂團配置表演人員及樂器有 2～5 位，依照宴客的場地大小或賓客人數安排。表 1-3 的價格爲目前市場上的單位樂手的價格參考，可依照表演人數計算出婚禮樂團的預算。

4. 婚禮紀錄

婚禮紀錄是婚禮重要回憶的記錄者，可分平面攝影或是動態錄影，表 1-3 的價格爲一般喜宴拍攝 4 小時的單機價格參考。如新人需儀式拍攝或多機服務時，時間及費用皆需另外計算。目前市場上的動態婚禮記錄，也開始吹起「微電影」的拍攝方式，所用的機型及人力也會比一般動態錄影提高及增加，因此成本相對較高，並不在提供的預算參考表內，以實際報價爲主。

5. 婚禮小物

婚禮小物在近年來似乎已成爲婚禮上不可或缺的伴手禮，可以細分爲迎賓禮、探房禮、活動禮、送客禮、工作人員禮。

表 1-3 中提供的小物價格皆爲市場上「量產」的禮品爲主。新人可依照婚禮的需求及預算自由選購。

（五）婚宴外的額外消費

剛剛列舉的皆以新人需舉辦「婚宴」時所需的婚禮花費，其他婚宴外的花費則未列在婚宴的必要加分消費，則是視新人的需求及預算而多加選擇。如美容保養、蜜月旅行、新居裝潢、健康檢查。或甚至是訂婚宴客及儀式的花費；結婚嫁妝、禮俗用品、禮車、工作人員紅包、親友交通住宿……，皆依每組新人的實際需求爲主。

貳、台灣婚禮顧問產業概況

一、婚禮顧問產業現況

（一）「婚禮顧問師」沿革

許多人或許看過珍妮佛羅培茲主演的電影「愛上新郎（The wedding planner）」，一定會對女主角擔任的婚禮顧問師的工作印象深刻。電影中的婚禮顧問師不僅要處理婚禮上大小的事務，連婚宴上要用什麼花藝布置、賓客的禮物挑選、新人結婚場地安排、安撫情緒失控的新娘，甚至於婚宴的全程執行，皆在婚禮顧問的掌控範圍內。

其實「婚禮顧問師」（Wedding Planner）這個行業在歐美、日本等國家早已行之多年。究竟何時出現在台灣的婚禮產業已不可考，但是根據相關的文獻探討找出，則是於西元 1996 年時，由中國信託董事長辜濂松的女兒辜仲玉，因爲承辦三位哥哥的婚禮，將婚禮顧問觀念引進，創辦了「玉盟婚禮顧問公司」，打破當時國人婚禮「一切自己來」的土法煉鋼，將婚禮籌備提升爲一種專業服務。目前專業的婚禮顧問以三種型態涉入婚禮產業，分別爲婚宴業者附設的婚禮企劃、專業婚禮顧問公司，及個人工作室婚禮企劃三大類。而不論是何種類型的婚禮顧問，工作的職責皆是在新人籌備婚禮的全程提供最專業的貼心服務。

（二）婚禮顧問的服務範圍

舉凡婚禮相關的大小事，皆可委託專業婚禮顧問協助完成。依照婚禮籌備程期，婚禮顧問的服務內容大致包含了禮俗諮詢、婚宴場地代訂、安排婚前健康檢查、安排牙齒美白與醫學美容服務、主題婚禮規劃 / 設計、婚宴流程規劃 / 場控、主持人安排、寄發喜帖與賓客人數確認、婚宴相關廠商安排與訂購（樂團演奏、平面攝影、動態錄影、禮車租賃、新娘祕書、禮服挑選與禮服訂做等）、婚禮影片製作、新人紀念 logo 設計、創意喜帖製作、謝卡設計、桌卡／菜卡設計製作、送客禮客製化設計、婚禮用品採買、居家布置、蜜月旅行行程建議、婚禮音樂／創作設計、新人婚禮網站架設、海外婚禮等。婚禮顧問師簡單來說，就是將婚禮相關產業串連的重要角色。

（三）婚禮顧問產業特性

張耀乾（2004）針對婚禮顧問業的特性說明如下：

1. 無法儲存

婚禮顧問業是一種服務行為與服務績效的表現，並非有形的事物，因此無法儲存做為日後銷售之用；若需求超過的所能提供的服務產能時，除非結婚新人願意調整時間，否則就會造成服務的流失。因此婚禮顧問業者就會藉由調整價格、促銷等其他方法，來使得需求量能配合產能。

2. 顧客涉入生產過程中

婚禮顧問業的服務是由服務人員與結婚新人一同合作參與的，業者必須透過教導顧客來增加服務的生產力和競爭力。例如在服務的過程中，教導結婚新人禮俗的使用時機及方式、結婚當天的行禮流程等，如此才不致於因新人的不熟悉，導致整個服務流程紊亂造成顧客抱怨。

3. 服務品質控管不易

有形產品可以在生產力與品質優良控制條件下生產，並且在交到顧客手上之前進行品質標準的控管，但婚禮顧問業的服務就在生產同時便消費了；因此錯誤及缺點很難加以掩飾，這些就使得服務品質的控制以及提供服務的一致性相形困難。

4. 人力是主要投入因素

婚禮顧問業最重要的服務品質差別就在於服務人員的素質，而且不僅服務人員與結婚新人有接觸，更與其他顧客有很高的接觸機會。所以婚禮顧問業者就必須特別慎選、訓練和激勵在第一線工作的服務人員，除了擁有工作上所需的專業技能外，還需要擁有良好的人際關係技巧。此項爲婚禮顧問產業最重要的特性之一，服務人員也就是婚禮顧問師是高度與新人接觸的工作，如何慎選、訓練，已成爲婚禮顧問公司生存的重要原因。

二、婚禮顧問經營型態

台灣婚禮顧問產業目前以三種型態存在，分別爲婚宴業者附設的婚禮企劃、專業婚禮顧問公司，及個人工作室婚禮企劃三大類。但專業婚禮顧問公司所佔比例仍小，最主要是一個觀念的改變，需要較長的時間。

專業之婚禮顧問公司能夠承攬的業務，多屬於高消費族群，雖然國人已逐漸接受婚禮企劃或婚禮顧問的觀念，但是一般消費者，仍以婚宴業者所提供的免費婚禮企劃服務，或小額付費的專業婚禮顧問服務爲主。

目前台灣婚禮企劃服務行業結構，70% 以上由個人工作室組成，這幾年更是如雨後春筍般興起。由於新人對婚禮的創意與想法不斷創新，也讓這一對一的個人服務產業，十分興旺。因台灣有著個人創業家精神，所以在台灣更是有著超高密度的婚禮個人服務業。也因如此，近年來台灣婚禮顧問業的型態也有了些微的調整，從原本的三種經營型態新增爲四種類型，作者根據目前婚禮顧問市場的婚禮顧問類型與工作類型整理如下：

表 1-4 婚禮顧問類型與工作內容

類型	屬性
1. 專業婚禮顧問公司	專職婚禮顧問工作，較類似國外婚禮顧問工作內容，主要負責婚禮前期規劃設計與執行。 優：可發揮個人專才，接觸高端客層 缺：入行機會少、門檻高
2. 婚宴會館的婚禮企劃	婚宴會館內自設婚禮企劃部門，提供飯店內新人婚禮相關服務，服務內容爲婚禮廠商代

類型	屬性
	訂、婚禮流程企劃、主持及影片製作。部分爲飯店訂席人員兼任。 優：薪資穩定，經驗與人脈累積快速 缺：服務經驗同質性高，取代性高
3. 個人工作室婚禮企劃	婚禮爲主要正職工作，服務內容爲婚禮流程企劃、主持及婚禮影片製作，部分進行婚禮廠商代訂與禮俗服服務。 優：可視個人投入程度，成就事業規模 缺：投入時間及心力超高，初期案源不穩
4. 兼職婚禮企劃	多半有其他產業的正職工作，服務內容多爲婚禮流程企劃與主持。 優：可視個人時間彈性調配 缺：經驗累積不易，取代性高

資料來源：作者整理

參、未來婚禮產業趨勢

對於未來婚禮產業的趨勢發展，分成婚禮產業及婚禮顧問二大方向說明：

一、婚禮產業未來發展

（一）新人端

依照內政部計數據顯示，每年結婚人口有逐年下降的趨勢，而隨著年輕人意識抬頭，以往以父母爲主的大型宴客型態，也漸漸改變成以年輕人爲主軸的小型婚宴，宴請人數從四、五十桌調整至二、三十桌。雖然結婚人口及宴客人數降低，但是新人客製需求提高，轉而要求更好的婚禮質感。

（二）婚禮廠商端

也因客人對於婚禮周邊的需求增多，品質也要求愈來愈高，婚禮廠商端也開啓了品牌多角化的經營，許多知名品牌也跨足婚禮產業。例如：克莉絲汀花藝，轉型提供完整婚顧；郭元益喜餅跨婚紗產業，而台灣婚宴龍頭－典華，這幾年也陸續投資了婚禮顧問公司、喜餅公司及婚紗公司，提供新人一站式的婚禮服務。

二、婚禮顧問未來發展

隨著新人生活型態的轉變，婚禮顧問服務已成爲忙碌的新人籌備婚禮時不可或缺的好幫手，但面對婚禮顧問市場的高度競爭，未來婚禮顧問經營型態也將有些許的改變：

（一）飯店餐廳

面對市場的高壓競爭，許多飯店業者不得不將婚禮企劃服務納入婚宴的包套服務內，因此也將大量釋放婚禮企劃的職缺，對於初出社會的鮮人，或是無經驗有意轉換至婚禮產業的人士，這無疑是個學習及入行的最佳機會。

（二）大型婚顧

高消費客層的接案門檻較高，需靠經營者的人脈資源或業界知名度累積，因此大型婚顧公司未來漸漸會獨佔高消費客層。

（三）小型婚顧

而面對市場上眾多競爭壓力，個人工作室或小型婚禮顧問公司的生存更是不容易，不過也因現在的新人對婚禮品質的要求，甚至於希望能舉辦溫馨且較小型的婚宴，讓婚禮的選擇不再只有飯店或婚宴會館，而是選擇在特色餐廳舉行，因此個人工作室或小型婚禮顧問公司可以轉型與特色餐廳合作。

名詞定義

1. 婚禮產業

同名婚禮市場，婚禮市場所涵蓋的範圍極廣，包括婚宴、婚紗攝影、喜餅、喜帖、禮車、婚禮百貨、花店、會場布置、教堂、樂團、錄影、音響、燈光、MV 製作、結婚蛋糕、送客小禮、飯店餐廳、外燴、新娘祕書、金飾珠寶、蜜月旅行、禮服、美容化妝、海外婚禮、旅行社、嫁妝、新房修繕、家具、結婚貸款⋯⋯等等。凡新人於籌備婚禮過程當中所需的消費皆可歸類在婚禮產業。

2. 婚宴產業

同名詞婚宴市場，婚宴產業爲婚禮產業中的一環，它包含的業種與婚禮產業有相當大的重疊性，是舉行婚禮，完成終身大事與宴客的場所。以產業價値鍊觀察，其中以婚宴所佔比例最高，由行銷的角度分析，產業流行的動向應以婚宴爲主（許順旺，2007），目前台灣婚宴產業可分爲幾項類別：飯店、婚宴會館、餐廳及外燴。

3. 婚禮顧問

同名詞爲婚禮企劃。婚禮企劃是有經驗的專業顧問，依照新人們的需求與預算，協助新人們打理各項事宜，負責婚禮的規劃與婚宴相關活動的設計安排，如婚禮流程、花藝設計、主持人與樂團的安排、蛋糕、燈光音響、攝影等等；是統籌與聯繫的窗口。簡稱「婚企」或「婚顧」（江筱蓓，2008）。

肆、學習評量

一、選擇題

（　）1. 根據內政部統計通報資料，2013 年全台灣結婚對數有多少？

A.13 萬 7000 對　　B.14 萬 7000 對

C.15 萬 7000 對　　D.12 萬 7000 元

(　)2. 下列何項不是新人在籌備婚禮時的必要支出？

A. 婚紗　B. 宴客　C. 喜餅　D. 婚禮小物

(　)3. 下列何者是決定喜餅定價的因素？

A. 品牌　B. 包裝　C. 內容物　D. 以上皆是

(　)4. 下例何不是鑽石等級鑑定的標準？

A.Color（顏色）　　B.Calculus（結石）

C.Carat（克拉重量）　　D.Clarity（淨度）

(　)5.「薪資穩定，經驗 & 人脈累積快速」是哪種婚禮顧問型態的描述？

A. 飯店婚禮企劃　　B. 個人工作室

C. 婚禮顧問公司　　D. 兼職上班族

二、問答題

1. 請列舉十項婚禮市場上的消費品項？
2. 請簡述婚禮顧問產業特性？
3. 請簡述婚禮顧問類型及工作特色？
4. 請簡述婚禮產業未來發展趨勢？

伍、參考文獻

中文部分

1. 王嵩容（2003），台北市婚宴市場消費者行爲之研究，淡江大學商管學院高階主管班碩士論文。
2. 江筱蓓（2008），婚禮顧問產業之情緒勞務與服務價值創造研究雲林科技大學碩士論文。

3. 何墨儀（2005），財經頻道可信度之研究，政治大學傳播學院碩士在職專班碩士論文。
4. 張金印（2010），大台北都會區消費者對婚禮企劃服務認知之研究，經國管理暨健康學院健康產業管理研究所碩士論文。
5. 張耀乾（2006），台灣當前婚禮顧問公司所面對的問題暨因應對策，國立嘉義大學企業管理在職專班技術報告。
6. 許順旺（2007），觀光旅館及大型餐飲婚宴市場現況及未來發展之趨勢，餐旅暨家政學刊。
7. 陳曉鷗（2007），以婚紗產業爲例，探討文化創意事業產業化關鍵成功因素，國立中山大學企業管理學系碩士論文。
8. 黃雅琪（2007），幸福幕後推手—婚禮企劃師，台灣光華雜誌，2007年1月。

解答：1.(B)　2.(D)　3.(D)　4.(B)　5.(A)

第二章 婚禮顧問必備職能

李佩純（Patty）

章節說明

壹、何謂婚禮顧問？

貳、婚禮顧問職能介紹

參、從事婚禮顧問準備建議

肆、學習評量

學習目標

——研讀本章內容後，學習者應能達成下列目標：

1.了解婚禮顧問的工作職責。

2.了解婚禮顧問需具備的職能。

3.爲從事婚禮顧問工作提前準備。

壹、何謂婚禮顧問？

婚禮顧問是婚禮界的魔術師，將新人夢想中的婚禮一一實現。

婚禮顧問是婚禮界的導演，指導並協助新人在實現夢想婚禮中的所有過程，是婚禮的靈魂人物。

婚禮顧問是婚禮界的整合器，將婚禮上所有大大小小的事項、廠商連結在一起。

婚禮顧問是婚禮界的跨海大橋，擔任婚禮上新人及雙方主持人溝通的橋樑。

婚禮顧問是婚禮界的消防大隊，協助新人解決婚禮上遇到的各種狀況。

婚禮顧問是新人的閨中密友，與新人分享籌備婚禮上的所有過程，並傾聽及解決新人所有的疑難雜症。

簡單來說，婚禮顧問就是：在新人籌備婚禮的全程提供最專業的貼心服務，讓新人能輕鬆完成夢想中的婚禮。

貳、婚禮顧問職能介紹

而要如何成爲婚禮顧問？成爲婚禮顧問需具備何項職能？本章節將說明婚禮顧問的必要職能，將婚禮顧問的職能分成知識面、技能面和態度面說明。

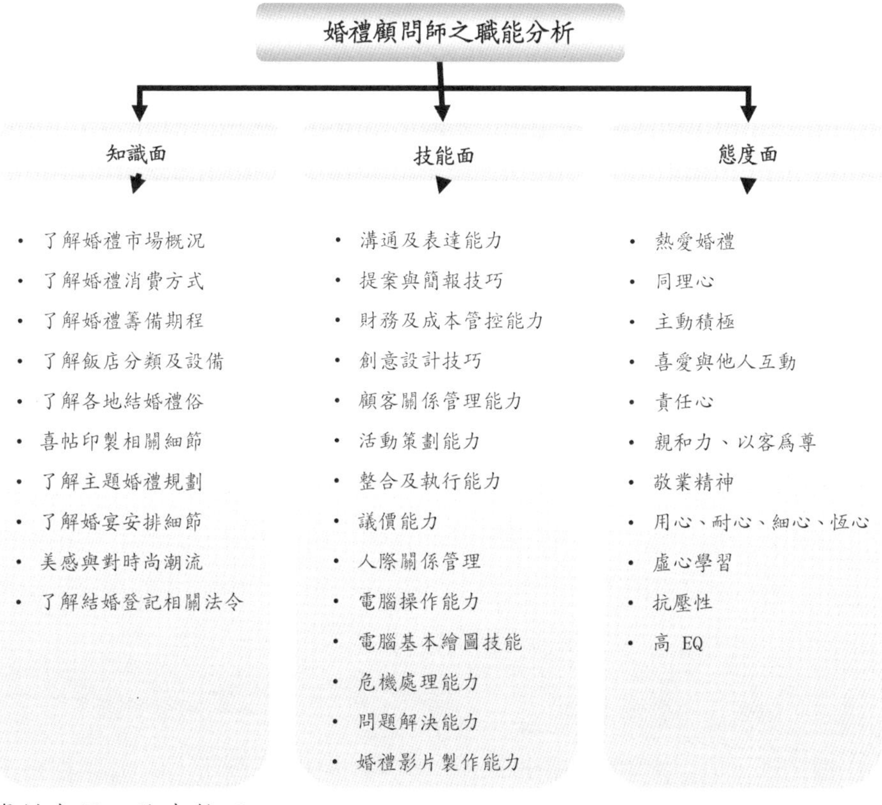

資料來源：作者整理

一、知識面

婚禮顧問師最主要的任務就是爲即將結婚的新人安排婚禮所有細節，不論是婚紗、喜餅、喜帖、婚禮小物、會場布置、喜宴的安排與進行……等等，婚禮顧問師必須對籌備婚禮相關細節有完整的瞭解，才能給予新人結婚的完整建議，因此婚禮顧問師所需具備的知識職能面如下：了解婚禮市場概況、了解婚禮消費方式、了解婚禮籌備期程、了解飯店分類及設備、了解各地結婚禮俗、了解主題婚禮規劃、了解婚宴安排細節、喜帖印製相關細節、美感與對時尚潮流、了解結婚登記相關法令。

（一）了解婚禮市場概況

要進入婚禮市場前，必須對婚禮市場有完整的了解，才能從中找到適合自己的定位，並可以隨時提供新人最新的婚禮資訊。

（二）了解婚禮消費方式

婚禮市場上廠商五花八門，每一項的婚禮消費皆不同，婚禮顧問除了要了解市場外，更要了解婚禮相關消費，才能爲新人設想及介紹最適合的婚禮廠商，及掌控新人婚禮預算。

（三）了解婚禮籌備期程

面對繁複的婚禮籌備過程，最令新人傷惱筋的就是，到底什麼時間應該完成什麼事項？此時婚顧如能適時的提醒，將大大安撫新人的情緒，當然也可以獲得新人的信任。而婚禮顧問在執行婚禮服務時，也必須清楚掌控婚禮的籌備期程，才能讓婚禮順利進行。

（四）了解飯店分類及設備

婚禮顧問在執行婚禮服務時，有多半的時間是爲新人的婚禮宴會籌備，因此對於新人宴會場地的分類及特色，還有能提供的服務設備必須清楚，才能隨時提供新人婚宴籌備上的應注意事項。

（五）了解各地結婚禮俗

結婚禮俗是婚禮的精隨，也是婚禮籌備過程中最美好的傳統，而婚禮顧問最大的職責就是將這美好的傳統永續傳承，讓這婚禮文化可永久保留。而婚禮顧問面對的新人百百種，不同的生長地方、不同的成長背景，皆有不同的婚禮文化，婚禮顧問必須多了解各地的婚禮文化及禮俗，才能提供新人最完善的禮俗建議。

（六）喜帖印製相關細節

上述提到，婚禮顧問大多數的時間在規劃婚宴的細節，而喜帖也是其中的重要環節，如何印製喜帖才不失禮？喜帖內文應如何塡寫才正確？喜帖的印製有無特別留意事項？…… 等，新人面對人生唯一一次的婚禮，難免會有許多不了解，就需婚禮顧問多加提醒。

（七）了解主題婚禮規劃

現今的新人對於婚禮總是希望能與眾不同，如何協助新人量身訂做一場永生難忘的婚禮，就必須先了解主題婚禮規劃的原則，才能爲新人留下一輩子難忘的回憶。

（八）了解婚宴安排細節

每對新人都希望能安排一場賓主盡歡的婚禮，但一場好的婚禮需安排每個細節，將細節環環相扣，才能順利進行。細節內容如：婚宴的菜色安排？座席的安排？帶位的方式？招待的人數？婚宴的時間？流程的規劃？收禮的方式？…… 這些也許不全是婚禮顧問的服務範圍，但卻也影響著婚禮進行的順暢，因此婚禮顧問不得不知道。

（九）美感與對時尚潮流

婚禮是一件美好的事物，而如何呈現這美好，婚禮顧問需具備基本的美感，並對時尚潮流有絕佳的敏銳度，才能幫新人規劃有質感及美好的婚禮。

（十）了解結婚登記相關法令

台灣結婚法令在 2008 年時修法改爲了「登記制」，新婚夫妻必須至戶政事務所登記才算眞正結婚，而登記時應注意什麼？該準備哪些物品？如婚禮顧問也能略知一二，相信能大大提高客戶對我們的信任感。

二、技能面

一位優秀的婚禮顧問，不只要有專業的婚禮相關知識，在婚禮顧問的工作內容中，除了爲協助新人籌備婚禮的進行外，還需花費許多時間進行婚禮廠商的訂購、整合；並且需具備十足的創意，爲新人打造一輩子一次的夢想婚禮，不只是視覺上的呈現，更要配合互動、感動、感恩的婚禮活動；婚禮顧問是與新人高度接觸的服務行業，與新人有良好互動及關係，有助於婚禮籌備。另外，婚禮顧問更是新人對外的溝通橋樑，不只對廠商溝通，更代替了新人與雙方的主婚人溝通，以獲得共識；更重要的是，婚禮顧問需具備危機及問題解決能力，才能應付婚宴或婚禮籌備上出現的特殊狀況，因此婚禮顧問需具備的技能面職能如下：溝通及表達能力、提案與簡報技巧、財務及成本管控能力、創意設計技巧、顧客關係管理能力、活動策劃能力、整合及執行能力、議價能力、顧客關係管理、人際關係管理、電腦操作能力、電腦基本繪圖技能危機處理能力、問題解決能力。

（一）溝通及表達能力

婚禮顧問最重要，也是最主要的工作技能即是「溝通」。因爲婚禮顧問是個高度與人接觸的行業，每一場婚禮的進行，都必須靠婚禮顧問與每組新人、主婚人及婚禮周邊廠商一一溝通後並串連，才能讓婚禮完全呈現。因此要擔任婚禮顧問工作，最重要的事必須先學會如何溝通及表達，避免會錯意！

（二）提案與簡報技巧

每一場婚禮的呈現，不單單只是靠溝通，而是溝通完成後，如何呈現每組新人想要的婚禮氛圍及需求，必須靠事前的婚禮簡報及提案才能讓新人於婚禮前放心的將婚禮交付給婚禮顧問。

（三）財務及成本管控能力

婚禮顧問公司的經營除了有穩定的業務量外，如何控管公司的成本及財務狀況，才是公司是否能永續經營的關鍵。

（四）創意設計技巧

每一場婚禮是否能爲新人量身訂作？是否能讓新人及賓客印象深刻？婚禮顧問的創意，是實現主題婚禮的重要推手。

（五）顧客關係管理能力

婚禮顧問是與人高度接觸的服務產業，每組新人的服務經驗是婚禮顧問重要的口碑，也是新人是否會介紹新客的重要關鍵，因此服務好每組客人，與新人間有高度的關係，可以爲自己創造良好的形象，也是生意源源不絕上門的不二法門。

（六）活動策劃能力

婚禮活動的安排，需考量時間該如何規劃？流程應該如何進行？婚禮活動上應該注意哪些環節……等，皆是婚禮顧問的重要職責。唯有細心安排每個環節，才能讓婚禮活動精彩有趣。

（七）整合及執行能力

婚禮籌備如此繁鎖，婚禮顧問需具備將所有廠商、婚宴場地、新人需求、及婚禮顧問想法整合的能力，並且整合後加以執行及實現。

（八）議價能力

每組新人對於婚禮的預算皆不相同，如何協助新人在預算內完成婚禮，是婚禮顧問重要的職責。因此除了需學會財務及成本控制外，更要學會如何與廠商議價，獲得更好的價格。

（九）人際關係管理

我們一再強調婚禮顧問是高度與人接觸的服務業，而每一場婚禮是否能完美呈現都需靠合作廠商團隊合作的完成，因此擁有良好的人際關係會爲工作加分許多。

（十）電腦操作能力

婚禮顧問工作除了與新人溝通討論外，多數的時間皆待在電腦前，爲新人的婚禮做準備，因此基本的Office軟體使用、E-mail的基本收發功能、音樂剪輯及燒錄軟體使用，都是婚禮顧問的必備基本技能！

（十一）電腦基本繪圖技能

而除了基本的辦公室軟體外，婚禮顧問有時需兼任婚禮設計師的角色爲新人婚禮的道具設計製作，甚至於包含婚禮 logo 及喜帖或婚禮的週邊物品設計規劃，因此建議婚禮顧問也需擁有基本的電腦繪圖技能，最常使用的軟體爲 Photoshop 、illustrator 、CorelDraw 。

（十二）危機處理能力

婚禮執行時，總是會遇到些不如預期的事情發生，而婚禮顧問需具備危機處理能力，充份利用經驗及智慧，化危機爲轉機。

（十三）問題解決能力

籌備婚禮的過程中，除了偶爾發生的危機外，最常遇到的是新人有許多婚禮相關的疑難雜症，因此是否能有一一解答新人的疑惑也是婚禮顧問重要的職責之一。

（十四）婚禮影片製作能力

近年來，婚禮影片已經成爲婚禮活動上不可或缺的橋段之一，對於影片如何呈現，婚禮顧問除了能與新人溝通影片腳本外，也可以學習基本影片的製作，爲新人設計並製作一部浪漫又感動的婚禮影片。常見的婚禮影片製作軟體爲：繪聲繪影、威力導演、iMovie 、Premiere 、aftereffect 。

三、態度面

婚禮顧問背負著新人一輩子一次的夢想婚禮的籌備壓力，因此需具備高度的抗壓性，及熱愛婚禮是婚禮顧問師支持工作最大的原因；另外，籌備婚禮的新人因工作、婚禮、及雙方家庭的溝通，心情較容易浮躁，因此需要用心、耐心、細心、恆心，有同理心了解新人的感受，並要有良好的互動能力，讓新人們有滿滿的幸福感。對於新人的需求及交辦事宜要具有敬業精神及責任感來達成新人的願望；而每一次的服務都會因新人的背景、故事及需求不同，婚禮顧問師也必須能虛心學習，讓每場婚宴都可以有不同的呈現，而不是淪爲制式化。

（一）熱愛婚禮

這是成爲婚禮顧問最重要，也是最簡單的態度。因爲婚禮顧問工作雖然外表看起來光鮮亮麗，但背後所付出的辛苦是外人難以體會的，因此唯有保持熱情才能擁有源源不絕的創意爲新人服務。

（二）同理心

每位要結婚的準新人，內心除了期待外，更多了些不安及焦慮，因此婚禮顧問必須站在新人角度，爲新人設身處地著想。

（三）主動積極

當我們進行消費服務時，最喜歡的應該是主動積極的服務生吧！想當然，新人在接受婚禮服務時，一定也希望自己的婚禮顧問是一位主動積極的服務人員，能主動提醒新人婚禮籌備時的大小事。

（四）喜愛與他人互動

在技能篇時有提到，婚禮顧問需具備人際關係能力，因爲婚禮顧問每天需要與不同的新人、廠商討論婚禮上的大小事，因此喜愛與人互動、聊天、相處的人在執行服務時較容易勝任。

（五）責任心

這是做人處理的基本態度，也是婚禮顧問在服務新人是重要的關鍵，要將新人的婚禮當成自己的婚禮安排。

（六）親和力、以客爲尊

從事服務業的基本態度，擁有親和力的婚禮顧問，往往都是相當受到新人歡迎的。

（七）敬業精神

婚禮顧問難免會遇到一些挫折及挑戰，但勇於面對才能突破困境，具備敬業精神，即能突破所有難關。

（八）用心、耐心、細心、恆心

面對新人一輩子一次的婚禮回憶，是無法容忍任何的錯誤。

因此唯有加備的用心、耐心、細心及有恆心的爲新人規劃婚禮，才能擁有一場美好的婚禮。

（九）虛心學習

不是每個人出生就適合做任何行業，而是必須透過後天的努力及學習，才能成爲不同領域的佼佼者，因此要成爲一名優秀的婚禮顧問，遇到了不懂的事物，別忘了要常虛心學習，才能在婚禮領域內不斷進步。

（十）抗壓性

面對要擔起新人「一輩子一次的婚禮」的重擔，壓力其實不小。婚禮顧問除了要有超強抗壓力接受挑戰外，也要懂的適當宣泄壓力，才能讓生活取得平衡。

（十一）高 EQ

面對新人婚禮的極大壓力，婚禮顧問情緒難免會有些影響，但是唯有冷靜的情緒面對，才能正確的解決事情，因此婚禮顧問是否能有高 EQ，成爲是否能處理事情及危機處理時的重要態度。

參、從事婚禮顧問師準備建議

想成爲一名優秀的婚禮顧問，可以從下列建議提早準備：

一、知識面

建議婚禮顧問從業人員，必須主動了解婚禮市場概況及消費細項，可定期瀏覽及閱讀相關婚禮網站及新娘雜誌（ex：Verywed、新娘物語雜誌、新新娘雜誌……），對於飯店的設備及婚禮進行時間及婚宴相關常識，可藉由飯店的參訪建立飯店資料庫，獲得與婚宴業者良好的互動；結婚禮俗可多閱讀禮俗相關書籍，擔任結婚禮俗的傳承角色。而關於喜帖、及美學相關知識，建議平時可多閱讀時尚雜誌或是參觀藝文展覽，慢慢培養獨道的審美觀。

二、技能面

依照多名婚禮顧問的問卷調整中，婚禮顧專家一致的共識，對於技能面最在意的職能爲「危機處理能力」及「問題解決能力」，建議日常活動當中多閱讀關於危機處理及問題解決的相關文章及書籍。或是報名仿間有提供的「婚禮顧問師培訓課程」，可藉由專業婚禮顧問的經驗分享中學習。

另外，在學期間可以多多學習電腦技能的運用，除了可利用課後報告的練習外，亦可選修或參加課外的電腦技能課程，讓在校時即學會相關的電腦技能。

三、態度面

婚禮顧問最重要職能即爲態度面。也是未來每家婚禮問公司對於婚禮顧問人員的甄選及任用的標準，因此建議同學們在求學的過程中，可至婚禮或服務業相關工作進行實習及工讀，提早培養正確的工作態度，讓畢業後能順利與產業接軌。

肆、學習評量

一、選擇題

(　) 1. 下列何項描述不是婚禮顧問的工作職責？

A. 婚俗諮詢　　B. 消費分析

C. 婚禮規劃　　D. 喝咖啡聊是非

(　) 2. 下列何項不是婚禮顧問應有的工作態度？

A. 主動積極　　B. 說新人壞話

C. 同理心　　D. 熱愛婚禮

(　) 3. 婚禮顧問應具備的下列何項電腦技能？

A. PowerPoint 使用　　B.Word 使用

C. Photoshop　　D. 以上皆是

(　) 4. 下列何項不是婚禮顧問應具備的工作技能？

A. 討價還價能力　　B. 提案與簡報技巧

C. 危機處理能力　　D. 電腦操作能力

(　) 5. 婚禮顧問知識面的累積較難從哪些管道得知？

A.Verywed 非常婚禮網站　　B. 新娘物語雜誌

C. 壹周刊　　D. 新新娘雜誌

二、問答題

1. 請簡述何謂婚禮顧問？
2. 請列出 5 項婚禮顧問知識面的職能？
3. 請列出 5 項婚禮顧問技能面的職能？
4. 請列出 5 項婚禮顧問態度面的職能？

解答：1.(D)　2.(B)　3.(D)　4.(A)　5.(C)

第三章　婚禮禮俗面面觀

張以嫻（Elsa）

章節說明

壹、何謂婚嫁禮俗

貳、台灣婚禮禮俗特色

參、訂婚禮俗

肆、婚禮當天參考流程

伍、台灣婚嫁禁忌參考

陸、學習評量

學習目標

——研讀本章內容後，學習者應能達成下列目標：

1. 了解台灣婚嫁禮俗的意義。
2. 了解台灣婚嫁禮俗的流程。
3. 了解台灣婚嫁禮俗古禮與現代禮的差異。
4. 了解台灣婚嫁禮俗的禁忌。

壹、何謂婚嫁禮俗

從古至今，百善孝爲先，不孝有三，無後爲大一直是中國人首要觀念，所以成家就一直是中華文化很重要的一環，我們可以透過繁複的婚禮習俗，更清楚地認識中華文化的社會演進，探索人類發展的規律演進。

中華文化以禮爲首，但因歷史悠久故民間文化有所不同，因應在地傳統各地皆創造出了一套婚禮的儀式，這儀式從古至今變化不大，大多數新人還依然遵照在地傳統的習俗來舉辦婚禮。雖然各地有所不同的婚禮禮俗，但大多數人還是遵循著祖先們的習俗，依照傳統禮俗來舉辦婚禮。

從提親到迎娶，「嫁娶六禮」的禮俗繁複，正式且隆重，到傳統四句聯象徵吉祥與押韻，顯示出古人對傳宗接代的殷殷期盼，他們對新人的祝福幻化成話語在所有嫁娶儀式中表露無遺。古時候的嫁娶習俗非常繁複且正式，不由得一點閃失，若有一點誤差皆視爲不祥之兆，所以只要家中有嫁娶儀式，全家族的人皆必須全程參與，而現今因我們以從農業社會轉型成商業社會，生活步伐講求效率，導致所有嫁娶的過程相對簡化，但傳統「嫁娶六禮」的過程，仍然値得去了解。

貳、台灣婚禮禮俗特色

各地風情不同，有各地不同之婚嫁禮俗，在爲新人籌辦婚禮時，仍需以新人家中文化爲主。

一、嫁娶六禮

目前所有文獻中顯示西周時期的「婚姻六禮」爲最早制定婚姻禮俗的開端，也爲往後各朝代婚禮禮俗帶來深遠的影響，中國古籍《禮記》和《儀禮》都對此有所論述。《儀禮》載：「婚有六禮，納采、問名、納吉、納徵、請期、親迎」。

1. 納采：就是俗稱說媒

通常男方會找一位有社會地位或有福氣的人擔任媒人，再由媒人至女方家表達男方想與女方結親家之誠意，藉此了解女方的心意，看看這門親事可否完成，在早期有一流傳媒人到女方家提親時必須帶上活雁作為信物，代表男方一世忠貞之誠意。也就是現代的伴手禮

2. 問名：俗稱合八字

如女方有意與男方結為親家，則會將是女方的八字（也就是出生年月日）交給男方，依傳統男方需將女方的生辰八字放在祖先堂上幾日或問卜，如家中有吉祥之事產生視為好兆頭，這樁婚姻也就成功了，反之如果家中發生不祥之事，這門親事將宣布失敗。

3. 納吉：又稱小文定，也就是完成現代的文定儀式

如問名後卜得吉兆，也就是男女方都平安順利，男家將擇一吉日，請媒人到女方家致贈禮品，一般是三牲或酒禮，並正式奉上聘書通知女家決定這門婚事，女方會將庚帖放置祖先案上，卜得吉凶以確定男女雙方有無相剋，如無婚事將初步議定。男方將擇吉日到女方家進行納徵。

4. 納徵：俗稱過大禮或完聘

男方選定吉日至女方家進行文定儀式。

「納」指的是聘金（財），「徵」指的是成立的意思，納徵就是指男家需完成納聘禮後方可成婚。男方通常會找足兩位全福之婦人（父母健在，丈夫有成，子孫滿堂），連同媒人帶著聘禮至女方家中完成納徵儀式。完成儀式後婚約即表成立，男方會擇吉日，準備聘金和各種禮品到女方家；而女方家也需準備回禮。

5. 請期：俗稱擇日

由男家選定婚禮日期，並送擇日書及禮品，如女方家的同意，婚期即表確認。

6. 迎親：俗稱迎娶儀式或婚禮當日

擇吉日，新郎著正式禮服由媒人陪同至女方家迎娶新娘，新郎到女方家時需向女方父母及至祖先廳堂進行拜見禮後，才能將新娘送上花轎（現以禮車取代）接到男方家，到男方家後在父母面前拜天地祖先後，即可入洞房。

把新人的八字都寫在紅紙上，請擇日師擇定黃道吉日，並由媒人奉送雙方同意後舉行。

參、訂婚禮俗

一、訂婚前的準備

現代社會中當倆人決定牽手一生，男方需告知父母，由父母請有分量的人擔任媒人撮合親事，待男女雙方皆認同此親事後，即可交換八字，由媒人向雙方約定日子進行提親儀式。提親之日由媒人及男方親友前往女家，討論訂婚所需之物品及相關儀式之事宜，並擇吉日下聘。

二、訂婚應備物品

訂婚是中華文化中嫁娶禮俗中重要過程，雖說台灣日前婚姻制度採登記制，故訂婚無法律效益，但台灣民間文化仍對文定一事非常注重，婚姻對中華文化來說不僅僅是兩個人的事，也是兩個家族的結合，而訂婚儀式在現今社會的意義除了是兩個家族的初步認識之外，也是對準媳婦及準女婿的初步認同。現代社會訂婚儀式大多爲女方所主導，所需之物品大多爲女方向男方提出要求，雖不像結婚般正式，但訂婚時男女雙方皆需準備物品贈予對方。

1. 男方應備物品

有人說聘禮代表了男方想娶女方的誠意，代表著男方的面子，也象徵著自家女兒嫁的好壞與否，所以通常聘禮越豐足代表女方嫁的越好，也象徵男方的家世背景雄厚。聘禮有所謂六件禮與傳統的十二件禮，至於要使用六件禮或十二件禮最好由男女雙方協調後達成協議進而準備，訂婚當天置放於木盛盒上送至女方家，木盛盒之數量需爲吉數如二代表雙雙對對，如六代表諸事吉祥，盡量避免單數及四之數字。

(1) 簡單六禮

・盒仔餅：現今爲西式禮餅居多，口味多種選擇。

・大餅：有人稱漢餅或日頭餅，婚事底定後只送親朋好友，意指告知親戚朋友女兒即將出閣。

・米香餅：形狀與漢餅相同，有意欲「吃米香嫁好尪」。

・聘金、金飾、布料

聘金：有大聘與小聘之分，應爲吉祥數字及雙數，大聘主要爲新人購置嫁妝之用途；小聘有人稱爲「乳母錢」，報答岳父岳母養育之恩。

金飾：夫家爲歡迎媳婦之見面禮，有項鍊、手鐲及耳環，新娘子應於結婚當天全數戴上，以示對夫家的尊重之意。另外還要準備同心戒，以紅線相繫的金、銅戒指一只（如無銅戒可以鑽戒取代）。

衣料：男方須爲新娘子從頭到尾準備的隨身物品六件或十二件，如鞋子、皮包、腰帶、洋裝等，現今社會新娘大都自己選購，再由男方負責費用，也有許多家庭以選擇用紅包方式取代。

・米、糖仔路、福圓

米和糖：提供女方親戚家人做湯圓，以祝福新人有團圓幸福之意。

福圓：即龍眼乾或桂圓，傳統禮俗女方偷吃兩顆福圓（代表新郎眼睛），表示日後新郎眼中只有新娘，剩餘福圓需全數退回。

・禮香炮燭

香用無骨透腳青（所謂排香），炮用大鞭炮，禮燭則用成對的龍鳳喜燭，各準備兩份，女方到後一份由男方帶回。

(2) 十二件禮

除了上述六禮外，更為慎重的男方，還會準備下列禮品，即所謂十二件禮：

・四色糖：即冬瓜糖、巧克力糖、冰糖及桔餅或桔仔糖，象徵新人幸福甜蜜，濃情蜜意。
・麵線：意指感情像麵線長長久久，也喻千里姻緣一線牽。
・好酒或好茶：好茶代表甘甜，好酒代表節氣，象徵一年十二或二十四節氣平安順遂。
・牲禮：豬、雞、魚象徵山珍海味及富貴之意。
・閹雞、鴨母：表示姻緣美滿，女方應退回一半。
・其他禮品：如喜花、罐頭等。

2. 女方應備物品

文定當日女方除收下男方之聘禮外，亦需回聘及回禮。

(1) 男方所準備之聘禮女方應退回之聘禮為

・聘金：依照男女方雙方協議是否收聘金。
・禮香炮燭：男方會準備兩份，女方留一份做為祭祖之用，回男方一份。
・禮餅：男方來聘時，禮餅數量大多為吉數十二盒，可收六盒回六盒。
・福圓：只取兩顆其餘退回。
・豬腳、麵線、酒：收一半，另一半退回。
・米：米收下，米袋中置一紅包。

(2) 女方回贈禮品為：

・衣料：女方需準備新郎從頭到腳之六樣禮品或十二樣禮品，例如：西裝、鞋子、領帶、皮帶、襯衫等。
・其他禮俗用品：生炭、棉花、緣錢、紅線、石柳、桂花、連蕉葉、雞腿等（依各地禮俗不同準備不同物品）。

另需準備酒席、甜茶、湯圓招待男方家人。

三、訂婚當天的禮序及儀式

（一）新郎及家人祭祖

1. 新郎在出發前往女方家前需先在家祭祖，準備三牲或素果（依各家風俗不同準備不同物品），向祖先稟報今日爲文定之喜，請祖先保佑一切順利。
2. 男方下聘人數需爲吉數，以六人代表六六大順或十人爲十全十美爲最佳，應避免四人。納聘車隊的車子數量也需避免單數及四之數字。

（二）納采

1. 男方車隊及媒人攜帶聘禮（六禮或十二禮），於家裡門口燃炮出發。傳統古禮男方車隊若於途中遇到過橋或其他迎娶車隊，可燃炮避免沖煞，但現今因交通安全考量，路途中燃放鞭炮之例已少很多。
2. 男方車隊到達女方家時，需先燃放鞭炮通知女方我們已到達，女方也需燃炮代表歡迎。女方家人需有男丁幫準新人開車門，並端洗臉水給準新郎所謂洗手臉（台語），準新郎要回禮紅包表達感謝。
3. 男方抬聘人員將木盛盒（紅木盒）搬入女方家行禮之處陳列，女方需準備紅包（扛夫禮）給予搬聘之人。
4. 男女雙方需自我介紹，男方將由媒人一一介紹按禮俗，媒人先介紹男方親友給女方認識，再由女方推派代介紹女方親友給男方。男女兩方親友自我介紹時，新娘應迴避。

（三）受聘

1. 通常請新娘舅舅點燭、燃香，再將香燭交給新人及女方家長，由女方家長稟告祖先女兒即將出閣之事，同時介紹新郎，另請祖先保祐新人婚姻美滿。
2. 媒人將聘禮點交給女方家長，女方家長燃香祈求女兒婚姻幸福。
3. 由媒人或專業人士，如婚禮顧問，擔任司儀進行文定儀式。

（四）開始訂婚儀式

1. 奉甜茶

準新娘在全福之人（所謂好命婆）的陪同下，捧甜茶獻請來男方長輩及親友，並由媒人加以介紹，甜茶奉完後準新娘迴避，待男方親友喝完甜茶後在出來收茶盤。

2. 壓茶甌

甜茶飲畢，準新娘再捧出茶盤收杯子，男方親友此時應將紅包捲入茶杯置於茶盤上，即俗稱「壓茶甌」。

3. 距圓凳

女方應事先準備高低腳椅各一張，準新娘需臉朝客廳大門面朝外，坐高腳椅，腳踩低腳椅象徵準新娘嫁入好門，未來腳不落地，非常好命。若爲招贅，則新娘臉朝內而坐。

4. 戴戒指

所謂的交換戒指，新郎取出繫有紅線的金戒、銅戒，套入準新娘右手中指上。傳統習俗中，戴戒指，準新郎會希望直接將戒指帶到底，但通常新娘會故意將彎起指頭，只讓準新郎只能戴到第二指節，避免被對方吃定（台語：壓到底）。

現今社會爲求雙方彼此尊重，大多已有協議新人雙方在戴戒指時，只將戒指只套到第二指節，其餘由準新郎或準新娘自行將戒指套到底。

隨後司儀或媒人要準新郎對女方長輩親友改口稱呼，然後準新娘對男方長輩親友也改口稱呼一次。即表婚事完成。

5. 禮成燃炮

儀式完成，女方再度燃放鞭炮，並將喜餅分送與親友分享，然後端出湯圓或點心招待男方客人。

（五）訂婚喜宴

文定儀式完成後，女方需準備餐宴招待男方親友。通常酒席費用由男方壓桌禮紅包支付。

（六）回禮

文定喜宴後，男方通常不能待到結束，即餐宴中最後一道菜，應盡速離去，不宜久留，女方應準備好回贈男方之禮品，如新郎衣料六件禮或十二件禮、喜餅及禮香炮竹。男方離開時時，不可互道再見，喻爲下聘之事不可再來一回。

（七）告祖禮

訂婚儀式結束後，女方父母一同上香 祭告祖先已完成行聘納采之禮。贈送喜餅給親友

四、訂婚當天男方應準備的禮品

1. 六件禮包括

(1) 大餅：有人稱漢餅或日頭餅，婚事底定後只送親朋好友，意指告知親戚朋友女兒即將出閣。

(2) 盒仔餅：現今爲西式禮餅居多，口味多種選擇，搭配各式小甜點成一盒。

(3) 米香餅：形狀與漢餅相同，有意喻「吃米香嫁好尪」。

(4) 禮香、禮燭、禮炮：香用無骨透腳青（所謂排香），炮用大鞭炮，禮燭則用成對的龍鳳喜燭。

(5) 米、糖仔路、福圓（龍眼乾或桂圓）：傳統禮俗女方偷吃兩顆福圓（代表新郎眼睛），表示日後新郎眼中只有新娘，剩餘福圓需全數退回。只拿兩顆給新娘吃，表示從此看住新郎的眼睛，使他婚後不再看其他女孩，除此之外也有圓滿、多子多孫興旺之意。米和糖為給女方親友做湯圓用，有祝福新人團圓圓滿之意。

(6) 聘金、金飾、布料或衣服：聘金有「大聘」、「小聘」之分。有人說「大聘」通常為顯示男方的面子或為女方添購嫁妝之用，而「小聘」則為實際的聘金或為乳母錢，大小聘通常會用紅包袋裝好，不露出數字。

2. 十二件禮包括：除了上數六件禮外，再加下列禮品

(1) 四色糖（冬瓜糖、巧克力糖、冰糖、桔仔糖或桔餅）：希望新人甜甜蜜蜜。

(2) 豬或牲禮：現代人大多以豬腳或火腿代表心意，女方將此禮分切贈送給來參加儀式的女方親友。

(3) 麵線：意指感情像麵線長長久久，也喻千里姻緣一線牽。

(4) 好酒或好茶：好茶代表甘甜，好酒代表節氣，象徵一年十二節氣或二十四節氣平安順遂。

(5) 閹雞、鴨母：婚姻圓滿、繁衍子孫。

(6) 其他：如禮品、罐頭、喜花等。

一般喜餅店會提供木盛盒盛裝聘禮。至於聘禮的內容，因依雙方家庭之禮俗及預算安排，意可於提親時請媒人代為請教女方家長。

五、訂婚當天女方應準備的禮品

1. 甜茶。
2. 甜湯。
3. 湯圓、點心、水果。
4. 酒席。
5. 新郎的六或十二件禮（如襯衫、西裝、衣帽、鞋襪、皮帶、領夾、袖扣等。）
6. 紅包
7. 木炭：希望新人的感情可像炭火般愈燒愈旺。
8. 麥或穀：希望女方福分可蔽蔭男方豐衣足食，衣食不缺。
9. 黑砂糖：希望新人甜甜蜜蜜、不要有口角爭執。
10. 緣錢或鉛線：代表新娘和夫家結緣，相處愉快。
11. 肚圍。
12. 蓮蕉花和芋葉：蓮蕉花與芋頭葉皆爲生命力極強的植物，希望新人多子多孫多福氣。

肆、婚禮當天參考流程

一、新郎祭祖

新郎迎娶車隊在出發迎娶前，應先在家中祭拜祖先。

二、迎娶

迎娶車隊備妥迎娶用品（如：車頭綵、黑傘或米篩）準備出發。禮車需結車頭綵及手把車綵，出發前燃放鞭炮以示慶賀。迎娶人數最好爲吉數（含新郎及親朋好友應爲六位、十位或六的倍數）。

三、食姊妹桌

新娘家在迎娶車隊到達之前，需準備桌席與新娘共食，代表即將出閣之告別宴，在用餐時女方親友盡量多說吉祥話，以表祝福。

四、鳴炮／拜轎

迎娶車隊到達新娘家 50 公尺前，應放鞭炮告知新娘家車隊已到達，女方家人也鳴炮回應。主禮車到新娘家門時，女方準備男童手持茶盤，上盛裝橘子或蘋果 2 顆歡迎新郎，也稱拜轎。新郎回贈紅包。

五、喝甜茶

女方家人爲表歡迎之意，需準備湯圓、甜茶給新郎和迎娶人員食用。

六、討喜

新郎與女方家人經寒暄問後，持捧花給房中待嫁之新娘，此時，新娘之姊妹或朋友可故意阻撓新郎，爲討吉利新郎得給予紅包，稱作討喜。

七、蓋頭紗、請新娘

新郎徵得新娘父母同意，新娘由好命婆牽出房門，新郎將捧花轉交新娘；新娘母親將新娘頭紗放下。

八、辭祖、拜別

新娘由媒人或好命婆挽出大廳，由新娘父親或長輩點燭燃香，新人上香，先拜神明再拜祖先，接著新娘應叩拜父母道別，傳統新郎僅鞠躬行禮即可，但現今社會有許多新郎會隨新娘一起叩拜父母表示感恩之意。新娘離開家門時，不可踩到門檻及回頭，以免對娘家不利。

九、出閣

新娘由媒人或好命婆手持竹篩或黑傘，護走至禮車上，因爲當天新娘最大，不與天公爭大。

十、敬扇（又稱奉扇）

新娘上禮車前，由女方家一名小男孩端著裝有茶盤的扇子給新娘，新娘則回贈紅包。

十一、潑水

新娘上禮車後，女方家長應將準備一洗臉盆貼有喜字的清水潑向禮車，代表女兒已是潑出去的水，有祝福新人在夫家一切順利之意。

十二、擲扇

禮車起動後，新娘應將扇子丟到窗外，意謂不將壞性子帶到婆家去。

十三、結緣、拜轎

迎娶途中燃炮報喜。傳統禮俗，當車隊在途中遇到紅綠燈停下來或遇叉路時，都應燃放鞭炮。到達男方家門後，由一位小男孩捧橘子或蘋果到新娘車前（表示吉祥平安），恭請新娘下車，新娘輕摸橘子並回贈紅包。

十四、遮米篩、破瓦

新娘下車由好命婦人或媒人持米篩或黑傘在新娘頭上，引導新娘踩碎瓦片、過火爐，有驅吉避凶之意。新娘進大廳時必須跨過門檻。

十五、拜堂

新人一拜神明祖先、二拜高堂、夫妻相拜，禮畢新人與家長親友合影，然後送入洞房。

十六、進洞房、坐財庫

入洞房後，將米篩放在新床上，新人一起坐在墊有新郎長褲的圓椅上（褲子每個口袋中皆需裝紅包），表示兩人將同心協力，新郎位爲新娘揭頭紗，兩人合飲交杯酒。食新娘圓，由好命婦人餵食甜湯圓，湯圓數字以六爲最佳，好命婆先餵新娘再餵新郎並說吉祥話，然後新郎新娘交換湯碗再各吃一個。

十七、觀禮、喜宴

目前一般人均採取中西合壁式的婚禮，大都在宴請客人時同時舉行觀禮儀式，至各桌敬酒。

十八、送客

喜宴完畢後，新人立於門口感謝賓客的到來，需端著盛喜糖之茶盤或提籃。可在同時與賓客合照留念。

十九、吃茶（南部禮）

在南部，一般賓客離去後，由男方家已婚親友喝新娘的甜茶，說吉祥話並贈紅包。

婚禮的舉行方式的選擇

結婚是人生中的盛事，大多數新人認爲一生只有一次，所以在選擇結婚方式時就變得格外重要，從前結婚儀式大多由父母決定，但因少子化及社會變遷的關係，年輕人對自己的婚禮有越來越多的想法及自主權，目前台灣舉行婚禮的方式大約如下：

1. 登記結婚

爲最簡約結婚方式，現在我國婚姻採登記制，有越來越多的新人選擇以此方式結婚，只要新郎新娘到場，另找兩位證人，即可完成結婚手續。

2. 宗教儀式結婚

可分佛教、道教、基督教、天主教等，宗教婚禮大多正式而隆重，每一宗教都有其祝福新人之方式，例如：基督教有唱詩班，慈濟有捧心燈祝福。

3. 飯店／餐廳／外燴或其他方式之宴客婚禮

此種方式爲目前最常見之婚禮舉行方式，新人可完全依造自己的想法，舉辦婚禮讓所有的親友見證自己的婚禮，此方式較爲熱鬧且溫馨，參與婚禮的親友也較多。

4. 集團或集體結婚

此方式大多由新人就職公司或政府機構主辦，特色是有很多對新人舉辦結婚儀式，因大多主辦爲政府機構或新人任職公司，主辦方常會提供許多優惠或禮品。

伍、台灣婚嫁禁忌參考

在傳統漢人結婚的過程中，因各地方有不同風情文化的結婚禮俗，而結婚被視爲人生的盛事，所以在舉辦婚禮時就衍生不少的禁忌，大家可參考以下禁忌，不用過於迷信。

1. 民間流傳 29 歲時男生不宜結婚，因擔心婚姻無法長長久久。
2. 農曆即鬼月七月不舉行結婚儀式。
3. 農曆六月不適合結婚，農曆六月爲一年的一半，所以有些人認爲在六月結婚的新娘就是半個新娘，又稱半月娘。
4. 訂結婚時，生肖屬虎的人都應回避，避免沖煞。
5. 安床後，床一旦定於吉位就不可任意移動。
6. 文定儀式後，男女雙方不可互道再見，因爲文定不能再來一次。
7. 拜別儀式時，新娘可盡情大哭，坊間流傳哭發，新娘眼淚流的越多，未來就會越發。
8. 安床後到新婚之夜新郎應避免一個人睡新床，可找生肖屬龍之小男孩陪伴入睡。

9. 台語姑與孤同音，有孤獨之意，而嫂跟掃同音，古時候的人認爲掃爲不吉利之代表，故無論文定或結婚當天新娘出門或入門時，姑嫂均需迴避。
10. 在迎娶過程，如路途中遇到另一隊迎娶車隊，必須互放鞭炮，避免喜沖喜（因結婚當天新人都很有福分，兩組新人相遇會抵消福氣，所以需要互放鞭炮）。
11. 結婚當日任何人都不可碰到新床，尤其更禁忌新娘坐在新床上。
12. 結婚時，新娘若遇到門檻需跨過門檻，尤其在進男方家門時，更需注意。
13. 結婚當日，新娘若把鞋子脫掉，需將鞋子放高避免被任何人踩到。
14. 結婚當天若新娘已懷孕，不得拿米篩迎娶，需用黑傘取代。
15. 生肖屬虎的人及寡婦避免進新房。
16. 新娘嫁衣不可有口袋，如有口袋需裝紅包。
17. 近親避免一年內辦兩次喜事，以免喜沖喜。
18. 歸寧時新人需在天黑前趕回家，意指能生男孩；而女家也會準備「帶路雞」及其他禮品作爲回禮。
19. 新婚四個月內，應避免參加任何的婚喪喜慶活動。
20. 如結婚時遇到喪事，可選擇於百日之內完婚或等守孝完畢，從前守孝是三年現今因社會改變，大多爲對年，即一年之意。

陸、學習評量

一、選擇題

(　　)1. 完成古禮中的「納徵」，就等於完成現代禮中的何種禮俗？

A. 提親　　B. 文定　　C. 迎娶　　D. 歸寧

(　) 2. 下列選項中，何者爲訂婚時男方所需要準備的六禮項目？

A. 米香餅　B. 聘金　C. 金飾　D. 以上皆是

(　) 3. 下列何者不爲訂婚儀式中的禮俗？

A. 奉甜茶　B. 戴戒指　C. 擲扇　D. 距圓凳

(　) 4. 結婚儀式中，男方前去女方家迎娶人數，下列何者不爲吉數？

A.6 位　B.8 位　C.10 位　D.12 位

(　) 5. 俗稱農曆的鬼月爲哪個月份？

A.6 月　B.7 月　C.8 月　D.2 月

二、問答題

1.《儀禮》中記載的婚禮中又六種禮俗，爲哪六種禮俗？

2. 訂婚時男方所需要準備的簡單六禮，爲哪六禮？

3. 請列出三個婚禮中的禁忌。

解答：1.(B)　2.(D)　3.(C)　4.(B)　5.(B)

第四章 婚禮顧問服務流程

陳怡均（Jill）、李沐恂（Masa）

章節說明

壹、婚禮顧問服務項目

貳、婚禮籌備新人的流程安排

參、婚禮顧問服務流程

肆、婚顧統籌之計畫及籌備

伍、服務關鍵

陸、最高服務準則

柒、學習評量

學習目標

——研讀本章內容後，學習者應能達成下列目標：

1.量身制訂一場婚禮的籌備期程表。

2.了解婚禮顧問的服務內容。

3.如何在服務過程中讓客户滿意百分百。

壹、婚禮顧問服務項目

一場婚禮，籌備規劃的過程中會經過一段準備期，這中間除了準新人之外，也會經過許多人的參與討論，包含來自雙方的家人、親人、朋友等，經過親友們的多方討論之後的結果，無論新人要的浪漫還是主婚人要的面子十足，每個元素都會是未來婚禮中需要被注意與滿足的條件。在台灣的婚禮聚會中不僅僅單是新人的朋友聚會，對於雙方家長的親友而言，亦是一個重要的祝福餐宴。所以在籌劃過程中長輩們的需求也是重點成敗的關鍵。所以婚禮顧問成爲一個扮演中間人的重要角色，一路爲新人們打點各樣細節，並且適時的提醒建議新人待辦重要事項，以提供新人全套的服務，滿足新人及雙方親友的需求。

首先，婚禮顧問最常面對顧客詢問的問題是，如何量身訂做，客戶想要的又符合預算的夢幻婚禮？新人在籌辦一生一次的夢幻婚禮，常會有許多想法，但是這些想法該如何被實現？及符合當天婚禮的實際狀況？ 這時，有經驗的婚禮顧問可以根據你們的預算，將天馬行空的想法，化成具體的婚禮規劃與你們討論定案，藉由專業婚禮顧問的能力，打造出爲新人量身而定做的婚禮。另外，專業的婚顧，也會利用串聯各種資源的能力，企畫出不同婚禮配套方案，讓新人即使預算不足時，也能夠利用聯合採購的方式，以數量壓低婚禮所需物品的採購成本，可以得到想要的夢幻婚禮。在籌備一場夢幻婚禮時，常常需面對來自不同家庭背景的新人，面對新人時，又該如何進行服務的流程設計與規劃？讓我們從本章節，帶領各位進入婚禮顧問需面對的服務流程吧！

一、婚禮顧問所提供的服務

面對每對不同需求的新人，婚禮顧問的基本服務包括：婚禮前的婚禮形式溝通、婚禮的流程、設計打點喜帖寄送、確認出席、會場布置、音樂規劃、婚禮彩排，以及婚禮當天的到場服務，更深入一點的婚顧，更要從提親、訂婚、結婚都一手包辦（婚禮顧問所提供的服務項目中，除了婚禮籌備的需求外，也包含了訂婚儀式、求婚企劃到單身派對，甚至到婚後的Baby 彌月、抓周活動的安排），此些服務皆是能協助新人們在舉辦婚禮的過程中，留下完美的回憶！

婚禮顧問主要需提供新人的服務，包含提供協助溝通及整合所需服務、提供專業的單一窗口服務、提供流程規劃服務、提供的婚禮統籌服務及提供宴會現場執行服務等五項，分述如下：

1. 提供協助溝通及整合所需服務

台灣傳統婚禮手續及過程相當繁瑣，籌備婚禮時，因爲來自不同家庭、背景、喜好的雙方，加上每個家族的禮俗不同，或是小倆口各有所求，一場婚禮下來，雙方的父母以及新人只有一個「累」字可以形容，因此爲了讓雙方家長及新人辦個輕鬆又有意義的婚禮，所謂的婚禮顧問因應而生。婚禮顧問主在籌備婚禮的過程中，負責提醒、掌控所有的籌備流程，加上婚禮現場常會發生許多超乎預期的狀況，若沒有一個專業的人居中協調，婚禮很容易產生混亂爭執。婚禮顧問有驗證多次的籌備時間表，並體貼的打點一切，按表提醒新人，新人可以放心參與，免除四處奔波之苦，同時協助和雙方家長的溝通，才能締造完美的婚禮呈現。

2. 提供專業的單一窗口服務

從婚宴流程的規劃與控制、喜帖設計、婚禮記錄、婚禮音樂、主題婚禮會場設計、婚紗整體造型、喜筵座位安排、活動安排，都是婚禮顧問的服務範圍。婚禮從頭到尾、連細微處也不放過的全套服務，讓新人可以放心、從容的面對婚禮，結婚不再是累人的事。在籌備結婚過程中，如果沒有婚禮顧問，新人必須要和各結婚廠商接洽與議價；因此有了婚禮顧問必須要擔任起總聯絡人的角色，讓所有的婚事簡化爲單一窗口的服務並爲新人爭取到最佳的折扣及贈品等福利。並提供專業的經驗與資源。

3. 提供流程規劃服務

專業婚禮顧問必須以新人對於自己婚禮的期待與想法，婚禮設計的主軸，在兼顧新人預算的考量下，溝通後出最佳的規劃方案！結婚的過程，不是當天穿個白紗、走走紅地毯就好，婚禮之前的準備工作涉及了許多繁複的溝通（和雙方家庭，和廠商等）及選擇，要聯絡的對象更是不少，例如飯店的預定、拍攝婚紗、喜帖設計跟寄送、及當天的布置……等一堆的廠商，更何況現在的婚禮儀式走向客製化，除了原本的這些都必須準備之外，婚禮小物、成長 MV 及各種展現自我主題的流程安排，都讓新人疲於奔命。因此，專屬的婚禮顧問師需要不論從拍婚紗到婚禮各項細節，都能全程掌握。因此，台灣婚禮顧問師除了需具婚禮執行能力外，更需協助新人，讓他們從興起結婚念頭開始就獲得正確的指導與協助，

4. 提供的婚禮統籌服務

一場婚禮的籌辦過程其實是由許多片段所組合成的，整場婚禮的企劃、安排、統籌、執行便是婚禮顧問主要提供的服務，因此在婚禮統籌上，必須針對各種不同狀況進行做確認、修改以及時間點的提醒，嚴謹的提醒新人該做的事，該選購哪些結婚用品，讓新人不需要擔心漏掉任何一項，也不用煩惱會手忙腳亂。而細項從了解新人所需及喜好、編定婚禮預算表、協助選擇合適的婚宴場地與婚禮場地確認、婚禮專業技術人員安排、設計婚禮設計與風格、設計婚禮設計與風格、協助挑選喜餅、喜帖設計、婚禮小禮選定、挑選婚紗禮服……等，這些都是婚禮顧問必須統籌的服務項目，也會在本章節後面一一介紹。

5. 提供宴會現場執行服務

婚禮當天，婚禮顧問到婚禮現場，幫新人們處理各項事宜，隨時因應

突發狀況，讓新人免除緊張的心情。除此還要在婚禮過程中，敏銳觀察新人的情緒，依造新人的特質，給予合適的安撫與鼓勵，如果能使新人完全享受與沉浸在婚禮的過程與喜悅中，相信會創造新人的美麗回憶。基本上新人只要把想法交給婚禮顧問，他將會讓新人輕鬆與順利的完成一生唯一的婚禮。

有多年經驗的婚禮顧問還可以自由掌控婚宴所有人的情緒，感染新人婚禮喜悅的氣氛。總而言之，對於新人來說，婚禮是讓人期待，在如此繁瑣的婚禮過程中，婚禮顧問是新人結婚最好的依靠，因此，一個專業的婚禮顧問是非常需要具有耐心、細心、溝通能力、整合能力、同時具有強烈工作的熱情以及對於婚禮過程非常了解的特性，才能爲新人舉辦浪漫、圓滿、完美的婚禮。在婚禮現場常看到，婚禮顧問、現場賓客與新人有歡笑、有喜悅的淚水，此並非爲不專業的表現，反而是一種專業熱情投入的表現。

貳、婚禮籌備新人的流程安排

（照片來源：青青食尚花園會館婚禮顧問團隊）

由於現代人的生活忙碌，因此很多新人們願意將自己的婚禮交由婚禮顧問籌備，或協助他們解決婚禮上的大小事物，也因爲如此，婚禮顧問所扮演的角色在現代的婚禮中越來越重要。此外；受到歐美與日本之影響，有些新人們對於自己的婚禮有屬於自己的新想法，而這也可以交給婚禮顧問規劃與執行。而婚禮顧問爲新人安排婚禮流程時，可以依造時間期分爲以下：

一、婚禮流程安排

1. 婚禮前的婚禮形式溝通。
2. 婚禮日期預訂。
3. 編定婚禮預算表。
4. 喜帖的設計及印製。
5. 囍餅的選購及建議。
6. 婚紗的評估建議及訂製婚紗。
7. 婚禮小物及賓客禮品的選購及建議。
8. 喜宴事宜（餐廳的介紹尋找、菜色、價位）。
9. 賓客準備（報到桌安排、音響設備安排、接待安排、座位安排）。
10. 婚禮的節目安排、MV 製作、或是主持人的安排。
11. 婚禮記錄安排（攝影、錄影）。
12. 婚禮各項習俗介紹與準備。
13. 婚禮當天造型規劃。
14. 婚禮現場布置。
15. 婚禮彩排。
16. 婚禮當天的到場服務主持與場控，使新人的婚禮當天是生命中最好的一天。

二、結婚期程：六到十二個月前

1. 婚禮形式溝通

與新人討論婚禮形式的進行方式，此爲籌備完美婚禮的一個重要步驟，關係到後面整個流程的進行。

- 戶外婚禮
- 飯店婚禮
- 海邊婚禮
- 主題婚禮
- 海外婚禮

2. 選擇宴客場地

婚宴場地是籌備完美婚禮的一個重要步驟，依據新人喜好先確定場地的風格、場地大小、喜宴菜色的條件決定場地。與宴客場地簽訂合約，合約應該列清各項事宜，如：婚禮場地可容納的桌數、可臨時加開的桌數及價格。

3. 編定婚禮預算表

依照新人的婚禮預算，將各項婚禮開支列出，估算婚禮所需要的花費分配各項婚禮支出的細部分配。

4. 初步擬定賓客名單與協助婚禮工作人員名單

- 初步擬訂宴請賓客名單與人數，並口頭邀請或電話邀約確認婚禮當天會參加婚宴的賓客人數。
- 初步擬訂並邀請協助之工作人員，並擬訂名單，包含伴郎、伴娘、收禮人員、招待人員、證婚人、介紹人。

三、結婚期程：六個月前

1. 拍攝婚紗照

- 挑選喜歡的婚紗風格，依照婚紗作品，挑選適合的婚紗店進行拍照。並決定造型師、婚紗攝影師，決定拍婚紗的日子
- 挑選拍照禮服

2. 預訂婚禮專業技術人員

- 預定婚禮平面記錄攝影師，針對風格喜好挑選適合新人的攝影師。
- 預定婚禮動態記錄錄影師，針對風格喜好挑選適合新人的錄影師。
- 預定新娘造型師，新娘祕書對於新娘是非常重要的心情關鍵，在婚禮上，造型師是把新娘變成公主的魔法師。針對風格喜好挑選適合新人的造型師。
- 預定婚禮週邊相關技術人員，例如：婚禮樂團、婚禮大頭貼、婚禮棉花糖、婚禮 APP……等。
- 與專業技術人員簽訂相關協議，將服務內容、價格、服務時間等列在協議書中。

四、結婚期程：三到四個月前

1. 決定婚禮設計方向與主題

- 決定婚禮整體設計方向與風格。
- 初步構想婚禮架構與視覺搭配。

2. 決定喜餅

在臺灣人的婚嫁中，喜餅是一份攸關雙方家長「面子」與「裡子」的關鍵，因此喜餅的選擇與決定馬虎不得！

- 預估喜餅的數量；除了衡量新人的喜好外，也要詢問長輩的喜餅口味。

・各式喜餅品牌都有不同價格與優惠，依照了解後決定適合新人的喜餅內容。

3. 購買婚戒

婚戒是愛情的象徵，代表愛宣言的婚戒一定需要用心挑選！

・訂婚金戒指挑選與購買。

・新人對戒挑選購買。

4. 設計喜帖

・挑選市面上公版制式喜帖印製。

・找尋設計師或委託婚禮顧問，訂製客製化主題喜帖。

・新人 DIY 設計喜帖。

五、結婚期程：兩個月前

1. 婚禮布置規劃與小禮選定

・開始會場布置設計。

・與設計公司進行討論，圖像溝通。

・婚禮伴手禮挑選。

2. 邀請相關人員 & 結婚流程細節與內容規劃

・確定婚禮相關人員的工作分配並確定名單。

・婚宴流程討論與設計，互動遊戲、婚禮音樂與動線安排。

3. 選購用品及確認其他事項

・選購喜氣用品。

・選購傳統禮俗用品六禮／十二禮。

・新人請婚假。

・新人準備誓約。

六、結婚期程：一個月前

1. 試穿結婚禮服
    - 於婚紗店挑選結婚當日禮服。
    - 進行美容美體護膚。

（照片來源：DH Wedding 雙囍婚禮顧問公司）

2. 印製與寄發喜帖
    - 喜帖印製完成並寄送。

七、結婚期程：三週前

1. 追蹤喜帖收發狀況並電話確認出席賓客人數。
2. 與婚禮技術相關人員敲定各項細項相關事宜。

八、結婚期程：二週前

1. 初步排定座位表。
2. 桌位規劃安排。

九、結婚期程：一週前

1. 進行護膚、護髮美容保養。
2. 排定並確認座位安排，桌卡內容編列。

十、結婚期程：二天前

1. 前往婚紗公司拿取婚紗照成品，婚禮當日禮服與飾品。
2. 與婚禮技術相關人員做最後確認。
3. 確認喜餅配送時間與地點。
4. 與婚禮工作人員再確認細節。
5. 新居新房布置。
6. 婚宴場地彩排，預演婚禮過程。

十一、結婚期程：前一天

1. 準備結婚當日所需之禮金及紅包。
2. 新人家中布置。
3. 確認禮俗動線與禮俗相關用品陳列。

參、婚禮顧問服務流程

了解了新人的籌備過程後，婚禮顧問的工作在這過程中需要做些什麼？主要是協助即將完婚的新人們籌備這整段宴會的過程。而此項重責大任該如何開始進行？又該有哪些重點工作需要落實？而新人到婚禮顧問公司又需要我們如何協助呢？我們將透過本章節讓你清楚於婚禮顧問公司需要進行哪些方面的流程與階段籌備的重點。

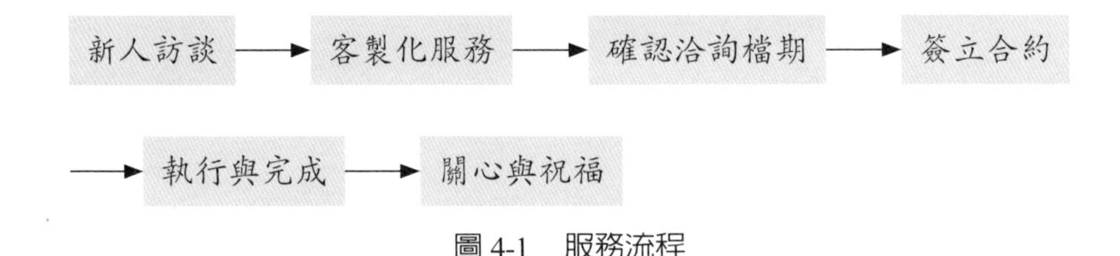

圖 4-1 服務流程

當新人來到婚禮顧問公司，一般會有不清楚我們能提供哪些服務的狀況，所以我們擬定了婚禮服務的作業流程，於服務開始之前介紹，讓潛在的服務對象能更清楚地了解我們的服務內容。

1. 新人訪談

與新人必須有第一次的當面接觸，首要為讓新人認識你，也讓新人能夠清楚知道我們能為其帶來哪些協助與幫助。透過對談與介紹，我們於第一階段的訪談中必須要了解新人的初步需求，也要於訪談過程中留下新人的婚禮基本相關資訊。

2. 客制化服務

於新人第一次訪談見面後，先了解其新人婚禮初步需求與構思，我們便可以進行需求的專業建議與討論，依照第一次訪談的內容提出初步客製化的建議與確認新人的取向。若於此階段順利提案後便可進入下一階段安排。

3. 確認洽詢檔期

於第二階段便可確定新人於此場婚禮中的所有大致需求，簽訂服務合約之前得先確認相關人員的檔期安排，舉凡婚禮技術人員：平面攝影師、動態錄影師、彩妝造型師、婚禮主持人……等，當然絕對重要的婚禮顧問人員也是敲定的重點項目。

4. 簽訂合約

當婚禮檔期確立之後，爲讓雙方皆能有服務與被服務的內容保障，我們會簽訂服務合約書，保障雙方在過程中的所有權益與清楚標立準則，避免我們在服務過程中或被服務過程中有所爭議之事項產生。

5. 執行與完成

簽署合約之後，婚禮顧問便可開始執行籌備的階段性規劃，規劃的重點我們將在下方章節帶領各位進入婚顧服務過程與重點項目。

6. 關心與祝福

每一場婚禮的執行都是經過好一段時間的籌備，完美婚禮呈現的最後片刻會有如畢業典禮般不捨與感動，帶著這一份感動給予新人們滿滿的祝福，此小細節的關鍵也能呈現出你／妳的細心程度唷。也能讓被服務的新人們感受我們的用心之處，此也是讓自己的口碑行銷落實的方法之一。

肆、婚顧統籌之計畫及籌備

一、協助男方提親

婚禮顧問服務從婚禮的最開始提親便可開始協助新人進入準備事宜。而提親，婚禮顧問在服務中主要是以協助提親流程順暢為主要任務，在此服務中控制提親流程與討論事項協定，並且在旁記錄討論相關結論，以協助新人在籌備過程中避免遺漏長輩的討論決議。

二、了解新人所需及喜好

婚禮顧問服務，相較於服務業之中其他領域的類別，主要的不同在於我們是需要與新人長時間相處的一項工作，因此在服務中必須與新人建立良好的信任關係，於婚禮籌備初期，婚禮顧問必須了解新人背景，新人所喜所好，對於在未來服務過程中才能有依據地為新人設計相關他們的婚禮。所以於籌備初期階段，必須了解新人的基本婚禮資訊，資訊的完整性也會影響到未來服務中的精準判斷，以下為基本資料中所需了解的相關訊息：

1. 基本資料

包含了姓名、暱稱、生日、星座、血型、學歷、職業、興趣、英文名字、家中排行、兄弟姐妹、主婚人名字、身分背景、介紹人資訊、以及聯絡資訊等。

2. 愛情故事

第一次見面的狀況、第一眼印象、告白過程、相同的回憶、交往中難忘的事件等。

3. 宴客資訊

婚禮日期、登記日期、儀式日期、宴客日期、訂婚／結婚／歸寧／補請、男方場或是女方場、宴客規模、宴客場地、賓客人數、賓客組成。

4. 婚禮需求

希望氣氛（歡樂／溫馨／隆重／簡約）、嘉賓名單、致詞名單、主婚人需求、證婚人介紹、介紹人介紹、是否有儀式安排：傳統儀式或西式證婚、希望或活動：例如倒香檳、切蛋糕、求婚的過程等。

以上資訊若完成訪談後，便可拉近與新人之間的距離感，也更能清楚地知道未來此場婚禮中的重點關鍵！

三、協助編定婚禮預算表

婚禮顧問在了解新人的婚禮需求與喜好之後，即可開始爲新人制定婚禮預算表，將各項婚禮將開支之細項列表清單，估算婚禮所需的總花費。在制定表格同時也可以預測婚禮中新人的喜好與預算是否能落實，也在之後讓新人能於預算表之中增減其各項預算，在與新人有共識之後即可開始進入下一階段服務。

四、協助選擇合適的婚宴場地與婚禮場地確認

當新人婚禮的各項預備討論皆有共識之後，依照各項婚禮條件與確認婚宴形式（例如：圓桌宴會、自助餐形式、長桌套餐宴會、派對式餐會或雞尾酒會）後，婚禮顧問即可開始爲新人建議與協助場地的選定，爲新人推薦適合的婚禮場所，並將各個婚禮場地的特色與軟硬體條件匯整，依照場地的風格、場地大小、喜宴菜色的條件給予明確的場地資訊，與新人進行挑選並陪同實地場勘，而此項服務中，婚禮顧問主要是給予專業的場地評估與比較分析。於各式條件與考量後進行婚宴會場確認。而當確定宴客場地後，便可協助新人與宴客場地簽訂合約書，將使用場地之各項細部事宜與規則清楚訂立，如：婚禮場地可容納的桌數、婚禮場地保證桌數、可臨時加開的桌數及價格、低消、周邊使用範圍規範等使用條款。

五、婚禮專業技術人員安排

當新人已經決定好婚禮形式與婚宴日期檔次時。婚禮顧問最重要的事項，即協助新人搜尋符合新人需求的專業技術師，例如：新娘彩妝造型師、婚禮攝影師、婚禮錄影團隊、婚禮主持人、婚禮樂團等。並於新人決定後，協助新人聯繫相關婚禮當日的專業技術細節，包含時間安排與服務方式協調。並協助新人與專業技術人員簽訂相關協議，將服務內容、價格、服務時間等細項細節清楚訂立於協議書中。

六、設計婚禮設計與風格

場地與各項婚禮主要條件皆確定後，婚禮設計便可開始進行。

婚禮設計溝通可於服務初期訪談時了解新人的視覺喜好、風格的屬性、顏色愛好等條件，開始與新人及設計師共同發想與討論，並於溝通討論後以圖像方式進行初步溝通，當婚禮風格、婚禮花藝、婚禮色系確認後即可開始進行設計執行。

七、協助挑選喜餅

喜餅，在臺灣人的婚禮文化是攸關「面子」與「裡子」的關鍵，因此喜餅的選擇上，婚禮顧問必須評估新人的各項需求與條件後進行建議。在建議名單確立後，陪同新人比較各家廠商的條件並且協助新人選定禮盒樣式。而在新人選定喜餅禮盒之後，協助新人相關配送之細節安排處理。

八、喜帖設計

喜帖，在婚禮之中爲第一個送達賓客手中的設計品，在台灣婚禮市場上有許多可挑選的公版喜帖，也有許多喜帖定製公司，婚禮顧問要依照新人的條件與需求，提供新人喜帖各樣式的挑選，或協助找尋設計師爲新人客製化主體專屬喜帖。在喜帖樣式確認之後，婚禮顧問需要注意喜帖內容的編排與校稿，避免喜帖內文的錯誤。

喜帖內文排法分類：中式排版、西式排版、特殊排版。

九、協助婚禮小禮選定

在台灣的婚禮宴會中，小禮物已漸漸形成一股非有不可的潮流趨向，而婚禮顧問需要依據新人的婚禮預算與喜好爲新人建議婚禮小物的選擇，而婚禮小禮物分類有如下：食用性小禮、使用性小禮、紀念性小禮。並於新人決定後協助新人訂購與後續細節安排。

十、協助新人挑選婚紗禮服

新人於拍攝婚紗之後便會進入宴會禮服挑選階段，婚禮顧問除了聯繫好新人前往婚紗店的時間外，於新人挑選禮服當日亦可陪同新人挑選，而婚顧主要給與新人禮服建議與新人挑選時給予現場條件的提醒，例如：提醒新人勿挑選與桌巾相同色系之禮服（避免入座時禮服與桌布融爲一體）、勿挑選與布置背板色系相近的禮服（避免送客時禮服與背板融爲一體）、勿挑選與新娘身材不符之禮服建議。

十一、婚禮相關人員排定

婚禮顧問服務主要爲協助整場婚禮順暢與掌控婚禮上之大小事宜，所以在工作與人員惡分配上掌握就是一個重要的安排，婚禮工作人員明細有哪些？

婚禮人員明細	
傳統禮俗	
婚禮媒人	婚禮十全好命婦人
迎新郎開門晚輩	迎新娘開門小童
禮車司機	鳴砲人員
新娘祕書	

（續）

平面記錄攝影師	動態記錄錄影師
伴郎	伴娘
男花童	女花童
婚宴現場	
總招待	帶位招待人員
收禮金人員	
主持人	發餅人員
婚宴現場	
證婚人	介紹人
伴郎	伴娘
男花童	女花童
新娘祕書	新娘助理
平面記錄攝影師	動態記錄錄影師
影音人員	宴會會場負責人
婚禮相關週邊技術人員	主題活動參與人員

因婚禮宴會所需要使用的人員眾多，前置分工安排與工作分配規為攸關整場婚禮順場與否的重要關鍵。婚禮顧問則必須協助新人了解婚禮上的人員需求與人員安排，讓新人於邀請親友協助時能清楚告知被邀請者當日所負責之主要協助項目。

十二、結婚流程規劃

整場婚禮宴會成功與否，主要關鍵在於流程規劃與執行。

依照新人的喜好，婚禮顧問需與新人討論後制定其婚禮時間流程表，將各段時間與流程細項清楚標注於文件資料中，並於現場依次執行。婚禮流程設計除了將活動依照次序表列之外，並需將活動內容與執行細節清楚的列於表格內，以求現場工作人員能清楚執行方向與執行要點。

而婚禮顧問在流程設計排定上也需考量現場執行的可能性與執行的難度進行設計。

十三、協助選購禮俗用品

婚禮顧問除了協助婚宴的籌備與安排外，傳統儀式的協助與規劃也在婚顧服務的範疇之內，規劃好儀式流程後，儀式所需要的道具與用品也會是新人苦惱的地方，協助新人採購此類商品也成爲婚禮顧問工作職責之一，而禮俗商品在市面上琳琅滿目，如何購買？該購買哪些項目？婚禮顧問應於採購前列表清單讓新人能清楚明細與進行採買。

十四、協助婚禮桌位安排

婚禮前一個月新人將會寄發喜帖給邀請的賓客們，而寄發喜帖後婚禮顧問則需提醒新人們開始進行賓客確認等事宜，將每位賓客的出席狀況清楚記錄於文件中，以確實掌握出席的賓客名單。在名單確立後婚禮顧問可開始協助新人編排賓客座位，並將桌次安排進行記錄。同時宴會桌卡內容便可清楚確立。婚禮顧問於協助新人安排桌位時，主要依據新人親友之關係而排定座位，在旁協助給予專業建議方式進行桌位落點（即相對位置／絕對位置的安排）。

十五、婚前細節確認

婚禮半個月進入籌備最後階段，婚禮顧問於此階段便要開始進入細項確認與最後聯繫。細節確認重點如下：

- 與飯店聯繫負責人確定當日活動排程與相關細節。
- 聯繫婚禮聘任之專業技術人員，說明活動當日排程與相關細節。
- 聯繫婚禮相關工作人員，將活動當日所委任之工作要點說明與到達時間提醒。
- 聯繫與確認婚禮布置設計人員相關活動當日細節的安排。

十六、協助新人宴會彩排

籌備最後步驟，帶領新人於婚宴現場進行婚前彩排。此爲教導新人於婚禮正式開始前的流程預演，讓新人能先熟悉婚禮現場的動線安排與定點動作演練。此步驟除了可以消除新人心中的緊張感外，亦可排除婚禮現場混亂的可能性。

十七、婚禮執行

婚禮當日，婚禮顧問即進入呈現階段，將預先籌備規劃好的細節於婚禮現場一一落實。

婚顧於現場執行時必須在流程發生之前再次進細節確認，以避免流程中發生狀況，但在婚禮現場偶爾難免會因非人爲因素而出現突發狀況或是預期外之狀況，婚顧於此時即爲最重要的關鍵性人物。突發狀況發生時，婚顧得隨機應變的進行處理與化解。

伍、服務關鍵

一、六心級服務

婚禮服務其實就是人的軟性服務。而相處就是我們服務中最重要的成功關鍵，也是口碑行銷的決勝關鍵。

婚禮顧問服務人員，在服務新人時，身上背負著重大的使命，是與新人們共同譜寫婚禮回憶的關鍵人物，在這服務的時間裡，你應該要具備哪些心理狀態才能與新人共同創造美好回憶？以下爲婚禮顧問人員所應俱備「六心級」的服務條件。

1. 恆心：必須要有一顆永恆之心，永恆的堅持要爲新人圓夢的心。
2. 細心：繁雜細微的籌備工作中，需要有一顆極其仔細的心來籌劃與準備。

3. 耐心：一段婚禮籌備期間通常爲六個月至一年之間，需要長時間與新人相處與工作，在這中間會遇到許多需要你來解決的工作，需要用許多耐心來爲新人服務。
4. 熱心：準備婚禮的過程中會遇到許多問題，心情問題、溝通問題與選擇問題，我們必須具備一顆高度熱誠的心來協助新人解決每個階段遇上的所有問題。
5. 愛心：一顆有愛的心。每一場婚禮中都會有專屬於新人們特別的愛情故事，我們必須用愛去了解，去體會每一段愛情中的感人之處。
6. 創新：創意的思維，創意的邏輯能激發自己在婚禮的呈現上更能別具特色。用創意的思考去爲新人規劃每一場不一樣的婚禮。

具備有六心級服務熱誠的你，已經可以成爲一名專業的婚禮顧問人員，而如何在眾多的婚禮品牌與個人工作室的比較之下脫穎而出，則要秉持著最高端的服務精神，將服務的每場婚禮「當作自家人辦婚禮一樣」的態度來服務，相信在婚禮口碑文化的傳遞與渲染下，很快就能脫穎而出，爲你創造出源源不絕的客戶鏈。

二、溝通能力

在六心服務之中，具備正確心態的狀況下，溝通能力是服務所需必備技能之一。於婚禮籌備期間需要與新人溝通婚禮細節，也需要與專業技術人員溝通，婚禮當日也需要與飯店人員、現場協助親友進行溝通，大小訊息的傳遞聯繫在整段服務過程裡佔據主要的時間與精神，所以在溝通精準度的掌握上便是我們所需要的技能之一。

溝通的技巧，需要兩個基本要素，「傾聽」與「表達」。

傾聽：能聽新人所訴說的眞實需求，能夠給新人足夠的表達時間與機會，才能讓婚禮服務盡善完美。

表達：以足夠的表達語彙表現自己專業的見解。讓婚禮中能有雙向的訊息傳遞。

三、專業知識更新

在我們台灣的婚禮產業中，推陳出新的創意模式日新月異，舉凡傳統婚紗店與自主婚紗的更進模式、傳統喜餅與複合式創意禮盒等，許多婚禮中的傳統模式漸漸加入了新元素與新方向，身爲婚禮顧問的我們就需要時時地觀察產業中階段性的訊息與認知的改變，此項功課是給予新人正確觀念的重要依據。專業知識的提升也是讓自己能跟隨產業成長的腳步，一同提升自己的服務水準。

陸、最高服務準則

了解了這麼繁瑣細節的婚禮顧問服務內容後，要如何成爲一名成功的婚禮顧問人員？成功關鍵是「把每一場婚禮當作是自己的婚禮在籌劃，用心專注、全心投入！」

當我們專注於婚禮籌備，盡善盡美地爲每一場婚禮付出，相信這樣的付出一定能贏得新人的支持與回饋，相信每一位優質的婚禮從業人員在服務的過程中，一定也都秉持著要給新人完美回憶的目標在前進。如果能將保有將每一場婚禮當做是自己的婚禮在籌備的狀態，相信此最高服務準則會帶領你走向成功的婚禮顧問之路，若你未來以相同的信念在服務顧客，必將一定會是一位傑出且優秀的婚禮顧問師。

柒、學習評量

一、選擇題

(　)1. 下列何者爲婚禮顧問公司可以提供的服務項目？
A. 印製喜帖　B. 婚禮紀錄
C. 婚禮主持　D. 以上皆是

(　)2. 成爲一名婚禮顧問應該具備有特質中以下何者爲非？
A. 愛心　B. 恆心　C. 憂心　D. 創新

(　)3. 婚禮服務過程中不應出現下列何者狀況？
A. 協助新人搜尋心中理想場地
B. 協助男女雙方傳統禮儀規劃
C. 干涉雙方聘金數字的多寡
D. 安撫新娘緊張的情緒

(　)4. 服務新人中，場地挑選何者爲需考量的條件？
A. 菜色　B. 桌價　C. 環境　D. 以上皆是

(　)5. 何者爲溝通訓練中最主要的學習項目？
A. 傾聽　B. 表達　C. 互動　D. 以上皆是

二、問答題

1. 請問六心級服務中，分別爲哪六心？
2. 爲提升專業度，婚顧人員必須時時更新專業潮流訊息，包含哪些？
3. 如果你想成爲婚禮顧問，該準備些什麼技能？

解答：1.(D)　2.(C)　3.(C)　4.(D)　5.(B)

第五章 婚禮企劃書

張以嫻（Elsa）

章節說明

壹、為何要做婚禮企劃書

貳、婚禮企劃書的範圍為何

參、實際執行與創意發想並進

肆、婚禮企劃書的內容

伍、向新人簡報提案

陸、婚禮細部確認書

柒、學習評量

學習目標

——研讀本章內容後，學習者應能達成下列目標：

1. 了解婚禮企劃書製作目的。
2. 了解婚禮企劃書製作內容。
3. 了解如何引導新人理解婚禮企劃書。

壹、爲何要做婚禮企劃書

每對新人對於自己夢想中的婚禮，都會有不同的期盼，再加上雙方家長以及各地不同婚禮習俗要求後，則讓婚禮的整個流程，頓時複雜了起來。可是台灣工作時數高居全球前三，準新人根本沒有時間好好籌備婚禮，也因此婚禮顧問的工作因應而生。

婚禮顧問不僅能讓整個婚禮進行順利、完美，而且要在最短的時間內，準確了解準新人的各項需求、預算，做出令準新人滿意且可被完整執行的婚禮企劃書，讓新人對於即將舉行的婚禮不再只是憑空想像而已，而是可以被實現的計畫方案。

如此可知這份婚禮企劃書是如何的重要了。它不僅是新人夢想與婚顧創意在現實下的結合，更是婚禮顧問的經驗與實力展現。所以，在初步了解新人需求後，婚禮顧問必須第一時間提案發想，做出一份新人專屬的婚禮企劃書。

貳、婚禮企劃書的範圍爲何

整個婚禮程序相當繁瑣，從婚禮進行的形式、擺置，雙方家長重視的民俗禮儀、宴客餐點的內容，新人裝定裝、製作等等，只要是婚禮相關的所有事宜包括程序等，都需要被列出，進而考慮是否需要事先準備或是規劃。

簡單的說，婚禮企劃書就是整個婚禮流程的藍圖，也就是包括：人、事、時、地、物等各種內容，將婚禮相關所有細節（包括：禮俗、儀式、宴客、服裝、物品、預算等），以上這些，婚禮顧問不僅要詳列出來，還要有系統的組織架構起來，讓準新人對於婚禮進行有初步的了解，才可以著手進行討論、增減內容，滿足準新人的各項需求。

參、實際執行與創意發想並進

婚禮是很多人一輩子的美夢，而身爲婚禮顧問的你，就是協助新人完成他們的夢想。對於絕大多數的人來說，結婚只有一次，雖然對於婚禮有很多的期待與想像，但是往往欠缺的是實際執行的經驗，而婚禮顧問卻是擁有舉辦婚禮的寶貴經驗，可協助處理婚禮中各種狀況的發生。

不僅如此，婚禮顧問還可以根據新人需求，規劃出新人所想要的婚禮，這時候你不妨可把婚禮當成一部電影，新人當然是男女主角，婚宴現場就是即時的演出現場，婚禮顧問則是導演，而婚禮企劃書則是整個電影重要的靈魂－劇本。

一個好的劇本／婚禮企劃書，是由導演依據男女主角的特色加以編寫，不僅可讓婚禮順利進行，還可以凸顯男女主角之間的愛情，撼動在場所有的來賓跟家長，留下終身難忘的美好記憶。

因此，婚禮企劃書不僅僅是執行面的活動規劃而已，還必須發揮獨一無二的創意巧思，讓每對新人展現各自的特色，讓在場的親友賓客留下深刻的印象與感動。也就是說，婚禮企劃書也是一種策略規劃的展現，考量新人預算、想法後，根據現況發揮創意，爲新人量身訂做出最佳劇本，然後婚禮當天將它完美地呈現出來。

一、貼近及了解新人需要

好的婚禮企劃書必須架構在新人需求之上，爲此身爲一個稱職的婚禮顧問，必須充分利用與新人前短短一、二次見面的時間，做到以下幾點，好做爲婚禮企劃書的依據。

(1) 了解新人需求

(2) 了解新人成長背景

(3) 知悉婚禮主要訴求

(4) 融合時代流行元素

由於新人時間緊湊，然而婚禮事項相當瑣碎眾多，所以建議把常會問新人的各種問題跟項目等，彙整成一份需求表單，在初次與新人見面時即拿給新人填寫。然後再根據這份完成的新人需求表單，後續再創意發想企劃書，如此才能貼近新人需求，規劃的更加周全。

表 1　新人需求表單

飯店業務：＿＿＿＿＿＿
企劃人員：＿＿＿＿＿＿

宴會／地點：＿＿＿＿＿＿＿＿＿＿＿＿＿＿＿＿＿＿＿＿

婚宴日期：　　年　　月　　日　　　賓客入席時間：＿＿＿＿＿＿

新人姓名：新郎＿＿＿＿＿＿＿＿＿＿　新娘＿＿＿＿＿＿＿＿＿＿

聯絡電話：新郎＿＿＿＿＿＿＿＿＿＿　新娘＿＿＿＿＿＿＿＿＿＿

E--MAIL：新郎＿＿＿＿＿＿＿＿＿＿　新娘＿＿＿＿＿＿＿＿＿＿

- 婚宴相關流程確認：

婚禮預進行儀式宴客項目			
□	訂婚儀式	□	訂婚宴客
□	迎娶儀式	□	結婚宴客
□	歸寧儀式	□	歸寧宴客

婚禮需求之項目			
□	婚宴儀式婚禮顧問	□	現場攝影
□	宴會婚禮顧問	□	現場錄影
□	場地布置	□	新娘祕書
□	婚禮樂團	□	成長 MV
□	婚禮主持人	□	愛情 MV
□	結婚禮車	□	婚紗 MV
□	婚禮小物	□	喜帖

新人需求表單並非是一成不變的，根據個人經驗的累積，可以隨時加以調整，你也會發現，隨著新人需求表單的演進，將可協助你更快、更完善的做出一份婚禮企劃書。

二、創意展現

一場讓人印象深刻的婚禮，除了現場布置、餐飲搭配外，還需要畫龍點睛的神來一筆，這就是其令人感動的獨特元素，這時候就需要婚禮顧問發揮創意、展現巧思。

這可能是一個用心製作的小禮物或是與其他親友合力演出的橋段，也可能是讓新郎新娘記憶深刻的一張照片或是場景，甚至是一個意外出現的來賓，總之，只要是以情感及用心爲第一優先考量，讓現場新人、家長及來賓充分感動，就是一個好的創意展現手法。

三、避免創意流於空談

除了既有婚禮流程規劃外，婚禮顧問想出的創意手法或是婚禮橋段，往往才是讓賓客留下深刻印象之處。但創意絕非是天馬行空的想像，它必須建構在實際的考量上：

(1) 人力

(2) 物力

(3) 時間

(4) 地點／場地

(5) 財力（預算）

舉例：如果婚宴是在中午於飯店內舉辦，那麼施放高空煙火秀出新郎新娘的英文名字，這創意手法顯然就相當不符合現實。

圖 1　場地圖或是布置圖

另外，預算的掌控可說是婚禮企劃書的另一個重點。雖然說婚禮是許多女孩子一輩子的夢想，只要是能力所及，男方都會盡可能的滿足女方的要求，但婚禮總預算不可能無上限的不斷調高，所以避免婚禮企劃書流爲空談，必須很有技巧地確定新人的預算上限，如此才能規劃出最符合實際的婚禮企劃書。

肆、婚禮企劃書的內容

一份婚禮企劃書必須包含以下幾點：1.新人名稱，2.主題發想，3.婚禮主題，4.主要負責人員，5.所有工作人員，6.預算表，7.婚禮時間，8.婚禮地點，9.活動流程。以下就讓我們逐一的來認識。

1. 新人名稱

在企劃書的封面印上新人雙方的名字，展現是特別爲這對新人量身定製的婚禮企劃書。

圖 2　婚禮企劃書的封面

2. 主題發想

說明此次婚禮的主題以及發想的原由。針對婚禮獨特之處加以說明，像是爲何選定溫馨主題，建議以情境式的敘述爲主，而非執行的細節。

3. 婚禮主題

根據新人想要的婚禮內容，經整理後，以條列的方式列出。這樣可以方便日後討論、修改。

4. 主要負責人員

婚禮事務相當鎖碎，從前置的婚紗拍照、試吃到採購各項婚禮用品等，都要有人負責，這時候婚禮顧問必須先列出項目後，與新人討論後寫上負責的親友人員，才能抓緊進度，避免突發狀況的發生。

5. 所有工作人員

婚禮當天是最重要的一天，現場工作人員眾多，如：接送司機、攝影師、新娘祕書等，這些都必須一一列出，甚至於包括他們連絡方式等，都不妨可先預留寫上，方便事前連絡跟現場應變。

6. 預算表

預算規劃是婚禮中相當重要的一環，雖然說計畫趕不上變化，但婚禮顧問有必要幫新人抓緊預算花費，避免不斷追加預算的狀況發生。因此，婚禮計畫書中，就必須先將所有可能的支出花費都列出來，好讓新人心理有所準備。

以下列出多數婚禮中常見的各項花費，以及目前新人通常較能接受的預算比例。(備註：以一百萬、席開？？桌爲基準)

婚前準備

項目	廠商／姓名	內容	預計花費	實際花費	減少／超出	備註
7.8% 婚紗攝影．婚紗租借						
1.4% 宴客禮服（新郎西裝）						
3.2% 宴客用婚紗租借						
0.8% 主婚人服裝						

結婚喜宴

項目	廠商／姓名	內容	預計花費	實際花費	減少／超出	備註
64% 結婚喜宴桌席						
5.5% 結婚喜宴布置						
0.8% 結婚喜宴酒水						
1.5% 結婚喜帖						
3.8% 結婚喜宴攝影師						
3.8% 結婚喜宴錄影師						
1.5% 結婚小禮						
2.9% 新娘祕書 - 新娘						
1.5% 其他紅包						
1.5% 婚禮主持人						
總計						

這裡我們可以看到，除了列出主要的支出大項（包括廠商名稱、內容）外，還留有實際支出以及減少／超支的欄位。這些都是為了要方便企劃書討論與實際進行時，可以馬上追蹤跟掌握的小技巧。切記，婚顧有義務要幫新人掌握好婚禮預算的支出，絕對要避免不斷追加預算的情形發生。

7. 婚禮時間

列出計畫的婚禮日期、時間。建議附上多個選擇，以及農曆對照、時辰等，好方便新人挑選，尤其是部分家長對於日子挑選有很大的想法，婚禮顧問都要盡力的滿足、配合。

8. 婚禮地點

初步規劃適合婚禮進行的地點也可能不只一個，除了附上該地點的平面圖、附近的交通圖等，最好還有優缺點評估分析，新人才好加以選擇。

9. 活動流程

雖然只是初次企劃書的提案，整個婚禮細節、以及執行內容部分可以省略不寫，但是該要做的準備一點也不可以少，如此才能有所依據的跟新人加以討論。而婚禮整體內容流程差不多定案後，就可以進行製作更為完整的婚禮活動企劃書。

參考範例：

<table>
<tr><th>時間</th><th colspan="2">女方</th><th colspan="2">男方</th></tr>
<tr><td>0530 化妝與新祕確認</td><td>女方住址：台北市中山區
出席人員家人、伴娘、新祕、婚攝（平面：8 點）
1. 準備迎娶物品
2. 女方親友整妝
* 三位伴娘妝和髮
* 伴娘至新娘家更換伴娘服，新祕打理妝髮
3. 新娘化妝（請最後一個化妝，讓婚攝補抓畫面）
4. 綁錢袋在新娘身上</td><td>甜茶 3 鍋（媽媽）
湯圓 3 鍋（媽媽）
錢袋（Felisa）</td><td>男方住址：新北市出席人員家人、婚攝（動態、平面：07：40）
1. 準備迎娶物品（例：煮甜茶…等）
2. 男方親友整妝，新祕助理打理
3. 新郎整妝，新祕助理打理
4. 出發前男方先拜拜，八點出發
5. 不可倒車</td><td>囍字貼（自備）
甜茶（姑姑）
湯圓（姑姑）
拜拜用品（姑姑準備）</td></tr>
<tr><td>男方 0730 集合
女方 0800 集合</td><td>出席人員
家人、工作人員
1. 伴娘確認迎娶闖關題目及道具之準備：伴娘自備
2. 工作人員 C 確認迎娶物品之準備</td><td>胸花（婚紗）
闖關道具（伴娘自備）
行李箱
禮俗用品
新娘備伴娘紅包</td><td>出席人員
家人、司機、伴郎、動態 *1、靜態 *1
1. 伴郎請整妝完畢出席（身著西裝）
2. 媒人持米篩、12 版帖（婚顧準備）、新郎持捧花
3. 工作人員 A 幫忙分配男方座車
<table><tr><th>車次</th><th>司機</th><th>程坐人員</th></tr><tr><td>前導車 1</td><td>人員</td><td>堂哥（放鞭炮）、婚攝（動）、婚攝（靜）</td></tr><tr><td>主禮車 2</td><td>人員</td><td>新郎</td></tr><tr><td>禮車 3</td><td>人員</td><td>伴郎 -Michael</td></tr><tr><td>禮車 4</td><td>人員</td><td>伴郎 -Keto</td></tr><tr><td>禮車 5</td><td>人員</td><td>伴郎 -Frank</td></tr><tr><td>禮車 6</td><td>人員</td><td>朋友 -Jet</td></tr></table></td><td>車頭綵（禮車）
門把花（禮車）
禮車囍字貼
捧花 *1（婚紗）
胸花 *3（婚紗）
鞭炮 *2
米篩
12 版帖（丈人）
備媒人紅包
備司機紅包
備伴郎紅包
備工作人員紅包
拜轎紅包</td></tr>
</table>

伍、向新人簡報提案

製作完成婚禮企劃書後，就可以準備向新人簡報、正式提案。一個好的婚禮顧問，必須要讓新人了解到整個婚禮的進行以及規劃方向，這時候就要靠簡報內容，藉由文字、圖片及相關圖表資料等，有系統的讓新人清楚整個婚禮的進行流程與規劃，才好進行討論及達成共識，讓整個婚禮更加完善。

而在與新人進行簡報提案前，我們必須做好以下準備：

1. 完成婚禮企劃書的紙本製作

婚禮企劃書應該是新人專屬的製作，它可以是紙張裝訂成冊也可以是活頁夾本，不僅在簡報時也可進一步補充說明婚禮細節，更可讓新人帶回去閱讀與思索，同時也可讓新人對自己留下更好的印象。

2. 簡報投影片的製作

一個製作良好的剪報投影片可以讓新人在最短時間內，清楚了解婚禮企劃書的內容與注意事項等。由於已提供紙本企劃書給新人，簡報投影片並非是越多越好，而是要挑重點來說明。

圖 3　簡報截圖

進行簡報時，爲了達到最好的簡報效果，我們除了要有專業的形象、認眞的態度外，建議做到以下幾點：

1. 情緒
   - 很高興來做簡報。
   - 要用熱情感染新人。

2. 穿著
   - 建議專業、精神的打扮。
   - 男性穿著深色西裝、白襯衫，女性則以套裝、裙子爲宜。

3. 聲音：運用聲調技巧
   - 聲調節奏有快有慢，可搭配適時的停頓，以作爲加強。
   - 聲音要富感情。
   - 必要時可與新人做目光接觸，加深專業感。

一般而言，簡報的時間最好不要超過 20 分鐘，投影片則以 12-15 張爲限，這樣的效果最好，新人也不至於感到無聊。

陸、婚禮細部確認書

在簡報後，就可以跟新人進行婚禮企劃書的再確認以及下一次見面會晤的時間。要知道婚禮企劃書主要是針對此次婚禮初步提案所用，還有許多執行細節部分，像是婚禮當天迎娶的男方迎娶團、車隊等等規劃等，都要與新人討論後甚至是詢問適合的人選後，才能確認定案。

也就是說，在完成婚禮企劃書提案之後，隨著婚禮內容、細節的確定，還會有一份婚禮細部確認書會完成，好做爲婚禮前後期間執行的參考之用。一般來說，婚禮的細部活動書會在婚禮進行前一個月完成。

柒、學習評量

一、選擇題

(　)1. 婚禮企劃書的內容含下列哪一項？

A. 新人名稱　　B. 主題發想

C. 預算表　　D. 以上皆是

(　)2. 婚禮預算中，占最高比例的預算為何？

A. 婚紗攝影　　B. 婚禮布置

C. 結婚喜宴桌席　　D. 婚禮錄影

二、創意表現題

請寫下您婚禮中的創意點子，提醒您，要將實際層面（人力、物力、時間、地點/場地、預算）考慮進去。

解答：1.(D)　2.(C)

第六章 主題婚禮規劃

李佩純（Patty）

章節說明

壹、婚禮主題訂製

貳、主題婚禮四大元素

參、主題婚禮元素運用

肆、學習評量

學習目標

——研讀本章內容後，學習者應能達成下列目標：

1. 了解主題婚禮的意義？
2. 了解主題婚禮的構成元素？
3. 了解主題婚禮的執行方向？

壹、婚禮主題訂製

一、婚禮主題訂製的目的

婚禮進行的方式愈趨多樣化，每位新人也希望自己一輩子一次的婚禮能與眾不同，有新人舉行熱氣球婚禮、也有新人熱愛線上遊戲而舉辦了「魔獸婚禮」……，而舉辦主題特色婚禮的目的，除了是讓新人能留下一輩子美好回憶外，也讓參與的賓客能感動和投入且印象深刻。

二、婚禮主題訂製步驟

（一）進行新人訪談

新人訪談是婚禮「量身訂作」的第一步，同時也是關鍵。

訪談內容可以分成爲四大方向：

1. 新人基本資料

依照新人的姓名、暱稱、生日、星座、血型、學歷職業、興趣或主婚人及新人的成長背景……等，做爲主題設定的方向。

2. 新人愛情故事

第一次見面的情形、告白的過程、兩人的共同點、交往中難忘的事、求婚的過程……等。

3. 新人宴客資訊

婚禮日期（訂婚日期、登記日期、儀式日期、宴客日期）；宴客型態（訂婚、結婚、歸寧、補請）；宴客地點（賓客人數、賓客組成）……等。

4. 新人婚禮需求

希望氣氛、致詞名單、儀式安排、參與親友、印象深刻的婚禮活動、切勿安排的婚禮活動……等。

在規劃主題婚禮的第一步，務必完整了解新人的資料及需求，才能爲新人量身訂作專屬的婚禮唷！

（二）訪談的技巧

訪談內容何其多，其實問什麼不難，難在如何詢問，才能讓新人卸下心房，與婚禮顧問淘淘不絕的分享自己的故事和對婚禮的想法。

以下提供訪談成功技巧：

1. 舒適的環境

唯有舒服的環境才能讓新人眞正的放鬆，與婚禮顧問分享婚禮上的想法，柔美的音樂、舒適的座椅、再搭配精緻的飲料和點心……這些都是讓環境加分的不二法則。

2. 溫柔引導、認眞聆聽

每對新人的故事絕對都是獨一無二的，但往往新人因爲交往久了，或是個性害羞，並不習慣將兩人的愛情故事平鋪直敘的與他人分享，此時，婚禮顧問必須一一詢問並挖掘新人的故事，可以從最基本的兩人如何認識、如何告白、交往過程中有無難忘的事、是否有求婚、對於結婚的共識……等等，但切記勿過度咄咄逼人，以免讓新人有被「拷問」的錯覺，溫柔引導，認眞聆聽才是新人能放鬆分享的關鍵。

3. 保持好奇心，表示贊同感

如果前二項已經做足，已經有舒適的環境，態度溫柔的引導，但新人還是未能與我們侃侃而談？這是正常現象，畢竟我們與新人素未謀面，第一次見面就要將自己內心深處的故事與我們分享，難免會有些防備心，讓新人卸下心房的關鍵，就在於是否能對每組新人的故事保持好奇心，當作在閱讀小說或是欣賞連續劇一般，對於劇情的內容展現無比的好奇心，相信新人看到婚顧如此渴望的神情，應該不久就會卸下心房，與婚顧分享兩人的故事發展經過囉！

（三）婚禮主題製定原則

經過了婚顧溫柔又有好奇心的引導，想必在新人訪談的過程中獲得了許多新人故事及元素可以運用，但是如果將這鉅細靡遺的內容全擺在婚禮裡頭，可能會讓參與的賓客無法完整了解新人想呈現的故事主題，容易會演變成「大雜燴婚禮」。因此，爲了讓婚禮的主題更加明確，參與的賓客能對婚禮留下深刻的印象，以及新人和婚禮顧問更能有方向性的規劃婚禮的內容，務必將所有與新人訪談的內容，一一消化，整理出最適合婚禮的主題，而「捨得」就是婚禮主題製定的最大關鍵。唯有捨得才能找出最精華及最適合新人的婚禮主題。

（四）主題取捨的原則

1. 與新人具高度關聯性

從新人的愛情故事或基本資料發想，最能打動人心。

2. 符合新人對婚禮的期待

新人對婚禮的重點不同，主題應配合新人對婚禮的需求。

3. 與宴客地點相得益彰

主題配合場地條件（裝潢、格局……），呈現效果更加分。

（五）主題製定的七大方向

1. 風格顏色

依照新人喜歡的顏色及風格進行主題設定，EX：新人熱愛紫色，並且希望婚禮呈現溫馨的風格，可將主題設定爲：「牽手一輩紫」婚禮。

2. 特色情境

依照新人喜歡的情境安排婚禮主題，EX：新人熱愛童話風婚禮，且喜愛粉紅色，可以將主題設定爲「粉紅童話風」婚禮。

3. 異國風情

依照新人喜歡的國家特色做爲婚禮主題，EX：新人曾一起到峇里島旅行，對於峇里島念念不忘，希望婚禮能以最愛的峇里島做爲主題呈現，可以將主題設定爲「悠遊峇里」。

4. 姓名諧音

依照新人的中文或是英文名字做爲主題的發想，EX：新娘姓陳，新郎姓許，取成語「良辰吉時」加入新人姓氏諧音，將主題設定爲「良陳許事」。

5. 基本資料

依照新人的基本資料（星座、血型、學歷、職業……）發想婚禮主題，EX：新人二人皆是雙魚座，可以將主題設定爲「雙魚之戀」。

6. 興趣背景

依照新人的共同興趣及背景發想婚禮主題，EX：新人平時最喜歡一起打籃球，可以將主題設定爲「籃住幸福」。

7. 愛情故事

依照新人的愛情故事發想婚禮主題，EX：新人因爲參與馬拉松活動而認識彼此，可以將主顥設定爲「幸福起跑」。

以上七個設定方向，皆從訪談資料中選出最適合新人的婚禮主題，主題設定完成，再依照主題內容安排合適的婚禮視覺及婚禮活動。相信掌握這些原則，距離完成一場主題婚禮的路已經不遠囉！

貳、主題婚禮四大元素

婚禮主題的製定，爲的就是讓新人及參與的賓客都能爲這場別出心裁的婚禮留下難忘的回憶。因此當婚禮主題決定後，便可以開始著手進行主題婚禮的規劃，掌握上一章節提到的「捨得」的原則，加上這個章節所提及到的婚禮四大元素，主題婚禮的雛形就完成一大半囉！

婚禮四大元素可分爲：

（一）主色調：是婚禮視覺記憶的重點，也是參與的賓客對於婚禮的第一印象

因此決定婚禮四大元素的第一步，必須先決定婚禮的主色調。

主色調的挑選原則：單一色系，愈簡單的色彩愈讓人容易留下記憶。而爲了讓挑選的顏色更加的突出，建議在主色調外，可另外搭配輔色調，可以讓婚禮的色彩更加分。

目前在婚禮市場上常見的婚禮色彩組合：

主色調－紫色，輔色調－白色，或金銀色系。

主色調－粉紅色，輔色調－白色，或桃紅色。

主色調－紅色，輔色調－黑色

主色調－綠色，輔色調－白色

輔色調除了使用對比色系外，也可以選擇主色調的相似色階。

當然如果你是色彩搭配的高手，也可以挑戰豐富性高的多彩設計。

（二）風格：決定婚禮設計的方向

當婚禮的主色調決定後，第二步即要決定婚禮想呈現的風格。

同樣的顏色可以有不同的風格呈現，如主色調決定爲粉紅色，那麼下一步必須思考是要什麼樣風格的粉紅色。如果是粉紅浪漫風格，那麼婚禮就可以使用粉色紅系的蕾絲、雪紡紗的方式呈現。或是粉紅甜美可愛風格，那麼婚禮就可以使用可愛的圓點或是較爲童趣的畫面呈現，如是粉紅色簡約風格，那麼婚禮可以使用簡單的色彩線條或較乾淨簡單的畫面呈現。

而婚禮的設計風格，與婚禮想呈現的氣氛營造息息相關。EX：可愛甜美的婚宴，多半搭配的婚禮氣氛應該較爲溫馨。簡約的婚宴，可想而知搭配的是較爲隆重的氣氛。

（三）LOGO：完整傳達主題婚禮的精神

決定婚禮元素的第三步驟即是為主題婚禮設計一個專屬的婚禮 LOGO。透過婚禮 LOGO，讓參與的賓客可以更加了解婚禮想要傳達的精神。

而 LOGO 的設計重點，則是將婚禮的主色調及風格完美的結合，讓人一眼即可感受到主題婚禮想呈現的涵意。

- 圖一 LOGO：即可以很清楚的知道婚禮的主色調為紅色，黑色為輔色調，而 LOGO 的設計線條，可以感受到婚禮的風格呈現的是為「西式中國風」，將傳統的中國風置入較西式簡約的氣氛。
- 圖二 LOGO：同樣是以紅色為主色調，但從 LOGO 的設計線條中運用了古時最愛的印鑑方式呈現，可以感受到濃濃復古中國風味。
- 圖三 LOGO：以溫暖的橘色調，搭配白色，呈現出較為溫馨的風格。
- 圖四 LOGO：以粉紅色為主色調的設計，搭白色線條，加入半圓點的設計線條，讓整體風格呈現較甜美可愛的氛圍。

圖一

圖二

圖三

圖四

（四）素材：主題婚禮畫龍點睛的細節

完成了三大元素的討論及設計後，接下第四項元素，即是決定主題婚禮需運用的素材內容。運用恰當的婚禮素材，不但可以爲主題婚禮加分，更有畫龍點睛的效果。婚禮的素材選擇相當多樣化，除了常見的花藝外，可以再加入圖片的輸出、緞帶、布料……等等，符合婚禮風格的道具。EX：如婚禮的整體設計風格，希望以「華麗風格」做爲主軸，那麼除了適合的花藝外，更可以搭配感覺較爲華麗的「寶石」或「金飾」做爲搭配，讓婚禮的整體更符合「華麗」的期待（如圖五）。

圖五

參、主題婚禮元素運用

主題婚禮的訂製並不困難，只要掌握了婚禮的四大元素：主色調、風格、LOGO 及素材，並將這四個元素加以發揮，一定可以安排一場賓主盡歡，並且讓人永生難忘的婚禮。如何將主題婚禮元素完整執行，我們將在下一章節分享執行的重點。

肆、學習評量

一、選擇題

(　) 1. 下列何項不是新人訪談的方向？

A. 新人的婚禮需求　　B. 新人的相識過程

C. 新人的過往情史　　D. 新人的成長背景

(　) 2. 下列何項是主題婚禮的四大元素？

A. 主色調　B. LOGO　C. 風格　D. 以上皆是

(　) 3. 請問下列何項是主題婚禮規劃時最重要的原則？

A. 婚禮預算愈多愈好　　B. 故事愈豐富愈好

C. 主題愈簡單愈好　　D. 新人愈沒想法愈好

(　) 4. 新人婚禮主題爲「良陳許事」，是依照哪個主題設定而成？

A. 風格顏色　B. 特色情境　C. 姓名諧音　D. 愛情故事

(　) 5. 新人因「跑步」而認識彼此，因此將婚禮主題設定爲「愛情起跑」是依照哪個主題設定而成？

A. 風格顏色　B. 特色情境　C. 姓名諧音　D. 愛情故事

解答：1.(C)　2.(D)　3.(C)　4.(C)　5.(D)

二、問答題

1. 請簡述主題婚禮設置的目的？
2. 請簡述新人訪談的四大方向？
3. 請簡述主題婚禮名稱設定的七大方向？

第七章 主題婚禮的運用與執行

李佩純（Patty）

章節說明

壹、主題婚禮元素運用及執行的重要性

貳、主題婚禮元素運用及執行

參、學習評量

學習目標

——研讀本章內容後，學習者應能達成下列目標：

1. 了解主題婚禮運用及執行的重要性？
2. 了解主題婚禮的視覺規劃重點？
3. 了解主題婚禮的情境規劃重點？

壹、主題婚禮元素運用及執行的重要性

上一章節，我們提到只要掌握了婚禮的四大元素：主色調、風格、LOGO 及素材，並將這四個元素加以發揮，一定可以安排一場賓主盡歡，並且讓人永生難忘的婚禮。

但該如何進行及執行這主題婚禮四大元素呢？首先，我們先了解，要讓參與的賓客對於主題婚禮「有感」，我們就必須照顧到賓客參與過程中的五感，包含視覺、聽覺、嗅覺、觸覺、味覺，簡單來說，賓客參與婚禮的過程中，看的到的、聽的到的、聞的到的、摸的到的，甚至吃的到的，都可以是主題婚禮四大元素的執行內容。

貳、主題婚禮元素運用及執行

早期，台灣人的婚禮喜愛熱鬧氛圍，因此婚禮布置在台灣的婚禮文化中，扮演著「豐富熱鬧」的角色，舉辦婚宴時，免不了有氣球裝飾或是花藝點綴。但隨著消費受西化的影響，新人對於婚禮布置的需求，也漸漸從「豐富熱鬧」轉向爲「質感特色」，從原本的氣球拉紗設計，轉換爲花藝、布幔及平面輸出的結合。

也因此「婚禮布置」是婚禮視覺規劃的重點，也是婚禮主題呈現及氣氛營造重要的推手，更是讓參與賓客抵到婚宴現場的第一印象及重點。如能再將婚禮活動妥善設計及安排，讓婚禮內外兼具，必定讓婚禮整體加分外，更能讓賓客留下難忘的回憶。

此章節我們就將一般賓客參與婚禮的感受，分成二大項目說明，分別爲「主題婚禮視覺設計」及「主題婚禮的情境規劃」。

一、主題婚禮視覺設計

凡只要婚禮上看的到的、摸的到的皆屬於婚禮的視覺設計範圍，可以

細分成

1. 平面設計

透過印刷或輸出的方式呈現主題婚禮元素。

(1) 喜帖：喜帖、地圖卡、回函（R.S.V.P）

(2) 桌卡：桌卡、菜卡、位卡

(3) 布置：大圖輸出、迎賓牌、拍照背版、座位圖

(4) 流程：誓詞卡、活動道具

2. 花藝設計

使用花藝的方式來呈現主題婚禮元素，可以搭配平面輸出增加布置的豐富性。

(1) 迎賓區：入口處、收禮桌、相本桌、拍照區

(2) 舞台：舞台背景、舞台圍邊、證婚台、儀式台

(3) 餐桌：主桌、客桌、餐具、椅背

3. 服裝造型

根據婚禮主題準備合適的衣服，可以讓賓客更有參與感，同時也豐富了整體婚禮的視覺效果。

可分成不同組群的服裝準備：

(1) 新人服裝造型

(2) 儐相服裝造型

(3) 工作人員服裝造型

(4) 參與賓客服裝造型

4. 婚宴禮品

當然婚禮所有視覺都照顧到了，讓賓客可以帶回去的伴手禮當然也不能馬虎，建議可以選用與主題故事或主題顏色有關小禮，讓賓客帶回家

後，看到小禮物便能想到婚禮的美好回憶。

婚宴的禮品準備可分爲：

(1) 迎賓禮：讓賓客一來即可感受到新人滿滿心意，一般迎賓禮建議可於賓客入席時於接待區分送，或是事先將禮物擺放於喜宴桌上，一來即可拿到。

(2) 探房禮：好友至新娘房探視新娘時，新娘可準備探房禮送給知心姊妹們。

(3) 活動禮：於婚禮上與賓客進行互動活動時的贈禮。

(4) 送客禮：新人向賓客表達感謝之意的小禮。於喜宴結束後，新人於送客區親自送給每位來賓。

(5) 工作人員禮：新人準備禮物送給當天協助婚禮的親友們。

二、主題婚禮的情境規劃

主題婚禮不能只是視覺上滿足賓客的期待，更要讓賓客參與時，心裡更能感受到新人的用心安排。一場能內外兼具的婚禮，才是一場完美的主題婚禮。

婚禮的情境營造，可以下列幾點進行：

1. 儀式活動

婚禮流程上安排的婚禮活動：

(1) 主題儀式：將經典的結婚儀式，加入主題的元素，例如：切蛋糕、交換戒指。

(2) 主題活動：針對婚禮主題，開發量身訂做的活動，例如：幸運數字樂透活動、音符傳情。

2. 文案台詞

根據婚禮主持，設計相關文字，讓參與賓客從文字中即可了解婚禮含意。

(1) 文案設計：精簡的文字，傳達婚禮主題的意涵

(2) 台詞編排：主持的內容，講述婚禮背後的故事

4. 婚禮音樂

營造婚禮氣氛的最佳幫手 - 音樂，也可以根據婚禮主題挑選。

(1) 主題音樂：進場、活動等重點時機，帶動整體氣氛的最佳幫手。

(2) 背景音樂：迎賓、用餐等廣告時段，營造現場氛圍的幕後功臣。

5. 婚禮影片

婚禮進行中更可以搭配影片的介紹，將主題更完整的傳遞給每位參與賓客。

(1) 主題影片：進場、活動等重點時機，讓賓客更加了解婚禮背景故事。

(2) 背景影片：迎賓、用餐等廣告時段，增加與賓客婚禮的互動感。

三、主題婚禮元素運用及執行原則

主題婚禮規劃方法何其多，當然所花的費用更沒有一定的標準。因此婚禮顧問，除了依照基本原則爲新人量身訂作婚禮外，更要根據新人的需求及預算安排，才能算是一名優秀的婚禮顧問唷！

參、學習評量

一、選擇題

(　) 1. 下列何項不是主題婚禮規劃的視覺重點？

A. 喜帖　B. 婚紗相本　C. 新人服裝　D. 花藝布置

(　) 2. 下例何項不是主題婚禮情境規劃的重點？

A. 婚禮音樂　B. 婚禮影片　C. 婚禮活動　D. 婚禮小物

(　) 3. 下列何項不是平面設計的內容？

A. 喜帖　B.RSVP　C. 主桌花藝　D. 拍照背版

(　) 4. 好友至新娘房探視新娘時，新娘準禮物送給知心姊妹們，稱之爲？

A. 迎賓禮　B. 探房禮　C. 活動禮　D. 送客禮

(　) 5. 進行情境規劃時，何項是營造婚禮氣氛的最佳幫手？

A. 結婚儀式　B. 主持台詞　C. 影片　D. 音樂

二、問答題

1. 請簡述主題婚執行的二大重點？
2. 請簡述視覺規劃的四個方向？
3. 請簡述情境規劃的四個方向？
4. 請簡述花藝設計的分類及內容？

解答：1.(B)　2.(D)　3.(C)　4.(B)　5.(D)

第八章　婚禮活動設計

李佩純（Patty）

章節說明

壹、婚宴時間規劃概論

貳、婚宴活動流程安排

參、主題婚禮活動規劃

肆、學習評量

學習目標

——研讀本章內容後，學習者應能達成下列目標：

1. 了解婚禮進行的時間規劃。
2. 了解婚禮活動設計技巧。
3. 了解如何將主題與婚禮活動連結。

壹、婚宴時間規劃概論

一場令人感動且記憶深刻的婚禮，不只是在滿足新人及賓客視覺上的感受，婚禮活動的內容、現場的氣氛、音樂的搭配、時間的掌控、流程的順暢與否，都與新人及賓客的心理感受息息相關，因此，婚禮的活動設計規劃，是新人的故事及需求能不能被忠實呈現的重要一環。

此章節將以「婚宴時間規劃」、「流程規劃安排」及「主題婚禮活動」進行說明。

一、婚宴時間規劃

一般而言，對於參加喜宴的賓客來說，婚禮的進行時間從迎賓到新人送客約爲三個小時，而對於婚禮顧問人員來說，需提早至婚禮現場準備及會後的收拾時間，總時間約爲六小時。

將準備的六小時，切割成五個不同婚禮時段，分別爲準備期、迎賓期、儀式期、宴會期、送客期。

（一）準備期

所需時間爲 120 分鐘，爲婚禮顧問、相關婚禮廠商及新人的婚宴前準備時間，以喜帖入席時間爲主軸，往前推算 120 分鐘，即爲準備期。

此時婚禮顧問將進行婚禮流程的細節確認，與相關人員進行婚宴前流程溝通；測試硬體設備，以確認婚禮當日影片、音樂能順便播放。而婚禮相關廠商也在準備期時開始展開工作，包含會場布置、婚禮記錄、新娘祕書……等。新人在此時段抵達宴客地點，進行造型整理及與工作人員溝通討論婚宴進行程序，最重要的是婚顧將帶領新人及婚禮相關人員進行婚禮的彩排，以利婚宴能順利進行。

（二）迎賓期

所需時間爲 40 分鐘，爲賓客陸續抵達婚宴現場時間。以喜帖入席時間為主軸為後推 40 分鐘，這段時間我們稱之為「迎賓期」。

此時新人的造型及彩排皆已完成，等待婚宴開始。婚禮顧問則待在現場，掌握賓客出席狀況，並再次確認婚禮準備事項，確保婚禮能順利進行。

（三）儀式期

所需時間為 20 分鐘，為喜宴開始，新人正式進場舉行婚禮儀式至上菜前的時段，這段時間稱之為「儀式期」。

一般建議賓客出席情形八成左右即建議喜宴開始，此段時間新人將正式進場並且進行婚禮最重要的結婚儀式，如宣讀誓詞、交換戒指、證婚人致詞、介紹人致詞、主婚人致詞……皆會在這個時段進行，也因尚未上菜，賓客更能全程投入並全程感受婚禮氛圍。而婚禮顧問的責任則是有效的控制時間，並讓每個婚禮環節順利進行。

（四）宴會期

所需時間為 90～120 分鐘。為餐廳或飯店的上菜完整時間，從上第一道菜時開始計算至菜色全數上完及新人送客前，此時段我們稱之「宴會期」。上菜時間會因宴客地點不同而有所差異。一般來說，餐廳或婚宴會館並未提供每桌分菜服務，可以縮短上菜時間，約為 90～100 分鐘。而如果是講究服務並提供每道分菜的飯店，上菜時間則為拉長至 120 分鐘。

此時段除了賓客享用美食佳餚的時間外，更是新人換裝、敬酒，甚至是與賓客進行互動遊戲的最佳時間。而此時段是婚禮過程中活動最豐富的環節，該如何妥善安排時間才能讓婚禮順利完成呢？

建議每段的婚禮互動遊戲及活動，控制在 10～15 分鐘內，因為每位賓客的專注力約為 10～15 分鐘內，為了讓每位賓客都能全程參與，並投入活動內容，務必留意活動時間的安排，及時間的掌握，因為有賓客熱情的參與才能讓活動順利的進行。

而每套禮服的換裝時間則控制在 30 分鐘內，其中包含了新人換裝、補妝，及突發狀況預備時間，例如：新人想上廁所；親友想與新人寒暄、拍照或是禮服不合身需修改……等狀況。

敬酒時間爲婚禮最容易失控的橋段，因爲新人及雙方主婚人與久未見面的朋友難免會想多多寒暄幾句，甚至參與的賓客也會藉此時間好好向新人及主婚人獻上祝賀之意，但爲求婚禮流程及時間能順利，建議敬酒時間最好控制在：新人桌數除以 2，一桌敬酒約 30 秒，例如喜宴 60 桌，那麼建議敬酒的時間則是 60 桌除以 2，則爲控制在 30 分鐘內。

而婚禮上難免會有重要的貴賓蒞臨婚禮爲新人及主婚人祝福，貴賓的致詞時間建議控制在 10 分鐘以內，避免貴賓致詞時間過長，影響上菜及活動時間的進行。如貴賓人數實在無法掌控在 10 分鐘內完成，那麼建議可以將貴賓致詞時間安排至新人換裝時間同時進行，將擁有較完整的致詞時間。

而婚禮影片是婚禮進行時重要說故事的工具，但是影片的精采程度也將關乎每位賓客是否有充足的注意力可以集中的關鍵，因此建議每支婚禮影片控制在 5 分鐘內，可以安全掌控賓客的目光，藉此達到利用影片說故事的目的。

（五）送客期

所需時間爲 60 分鐘。爲新人感謝並歡送賓客及收拾善後的時間。

此時段新人除了歡送賓客外、收拾物品外，也需與相關廠商完成結帳。

而婚禮顧問則是協助新人現場整理、物品點收，至婚禮順利完美落幕。

依照上面所提到的婚宴時間安排，進行時間安排練習：

案例內容：

1. 2014.06.15.（日），新郎 John 新娘 Mary ，於典華晚宴 30 桌，1800 入席。

2. 新娘三套禮服，想安排三次進場。

3. 需播放成長愛情故事影片（長度 3 分鐘）。

4. 新郎的公司長官將上台致詞。

5. 邀好友參與接捧花，皆送筷架禮盒。

6. 新人想交換誓詞及致詞感謝嘉賓。

依以上新人需求，將時間安排參考如下表格

參考時間安排如下：

<table>
<tr><th>時間</th><th>活動</th><th>時間</th><th>活動</th></tr>
<tr><td>1800～1840</td><td>迎賓時間</td><td rowspan="2">1935～1945</td><td>新人第二次進場</td></tr>
<tr><td>1840～1845</td><td>開場＋播放影片</td><td>拋捧花及筷架禮盒</td></tr>
<tr><td>1845～1850</td><td>新人第一次進場</td><td>1945～2000</td><td>主婚人及新人敬酒</td></tr>
<tr><td>1850～1855</td><td>交換誓詞儀式</td><td>2000～2030</td><td>新娘換第三套禮服</td></tr>
<tr><td>1855～1900</td><td>貴賓致詞</td><td rowspan="2">2030～2040</td><td>新人第三次進場</td></tr>
<tr><td>1900～1905</td><td>飯店上菜及新人用餐</td><td>新人致感謝詞</td></tr>
<tr><td>1905～1935</td><td>新娘換第二套禮服</td><td>2040～</td><td>新人至門口送客</td></tr>
</table>

二、流程規劃安排

當了解婚宴時間的整體架構後，接下來即可以進行婚禮活動的安排。

而在安排婚禮活動前，必須先清楚了解新人需求是什麼？

1. 宴客型態：當日是結婚、訂婚或補請？

2. 賓客比重：父母朋友較多或新人朋友較多？

3. 到場及入席時間？當天有無迎娶？

4. 禮服數量？有無新祕？（一般訂婚爲 2 套、結婚爲 3 套）

5. 有無儐相及花童？

6. 有無貴賓致詞？

7. 希望婚禮氣氛？

8. 婚禮相關特別需求？

了解新人需求，並將時間規劃連結，才能爲新人量身訂做專屬的婚禮流程。

貳、婚宴活動流程安排

一般而言，我們可以將新人的需求及背景資料，將婚禮活動流程安排架構如下：

第一次進行，新人可以選擇二人自行進場，或是由爸爸帶領新娘進場交給新郎的西式進場儀式。第一次進場後，建議可以安排與新人相關的結婚儀式，例如：宣讀誓詞、交換結婚戒指、貴賓致詞、或主婚人致謝詞。

第二次進場，新人可以選擇較活潑的進場方式，例如發送禮物進場，或新人情歌對唱進場，甚至是跳舞進場……。第二次進場後的活動可安排新人與賓客的互動活動，例如：抽祝福小卡、捧花傳承、感謝父母……等活動，而活動結束即可進行敬酒流程。

第三次進場，視婚宴流程時間進行狀況，即新人需求而決定是否進行第三次進場。安排三次進場可以讓婚宴活動更加豐富，但也可能有婚宴超時的問題，因此建議可依婚禮實際進行狀況調整是否需安排。如新人希望有三進的需求，那麼建議在婚宴流程的掌控務必要分秒必爭，或是與新人溝通是否可以其他活動時間縮短，以控制婚禮能在時間內順利完成。例如：新人可以調整第三套禮服的換裝時間，只換禮服，不換造型，將省下的時間轉換爲第三次活動使用。

而婚宴活動的安排，可依照下列原則安排：

1. 流程氣氛：每一階段安排不同氣氛，可讓婚宴更加豐富。（ex：第一階段浪漫感性、第二階段活潑熱鬧）
2. 物以類聚：相同類型的活動可歸類於同一皆段的流程裡。（ex：抽

捧花與抽祝福小卡活動等）

3. 賦予意義：爲每個活動賦予意義，並善用連結，安排先後順序。

了解新人的相關需求後，即可爲新人安排合適的婚禮流程，建議此時可爲新人設計專屬的婚宴流程表，可以讓新人清楚明白婚禮的流程進行，也有利於婚禮顧問在婚宴流程及時間上的掌控。

婚宴流程表範例：

<table>
<tr><th>日期</th><th>時段</th><th>飯店</th><th>廳別</th><th>新郎</th><th>新娘</th></tr>
<tr><td>103/06/15
（週六）</td><td>晚宴</td><td>台北豪園飯店</td><td>宴會廳／30桌</td><td>王大同</td><td>李小玲</td></tr>
<tr><th>禮服／造型</th><th>儐相／花童</th><th>新人到場時間</th><th>喜帖入席時間</th><th>飯店業務</th><th>婚禮顧問</th></tr>
<tr><td>3套／新祕</td><td>2對／2對</td><td>1630</td><td>1800</td><td>Emily
0980-
00001</td><td>Penny
0980-
123456</td></tr>
<tr><th>時間</th><th>項目</th><th colspan="2">內容</th><th>音樂</th><th>備註</th></tr>
<tr><td>1630～1800</td><td>準備時間</td><td colspan="2">招待及收禮親友準備相關事宜</td><td></td><td></td></tr>
<tr><td rowspan="2">1800～1840</td><td>迎賓時間</td><td colspan="2">來賓入席前播放新人照片輪播</td><td></td><td></td></tr>
<tr><td colspan="5">【開場前5分鐘，主持人預報準備開始】</td></tr>
<tr><td rowspan="2">1840～1900</td><td>開場</td><td colspan="2">司儀上台進行開場白介紹</td><td></td><td></td></tr>
<tr><td>第一次進場</td><td colspan="2">1. 小花童＋男女儐相進場
2. 新郎進場於場中等待
3. 女方主婚人帶領新娘進場
4. 女方主婚人將新娘交付給新郎後入席
5. 新人一同進場</td><td>01、結婚進行曲</td><td></td></tr>
</table>

時間	項目	內容	音樂	備註
	結婚儀式	1. 新人上台宣讀結婚誓詞 2. 新人交換結婚戒指	02、背景音樂	
	新人致謝	新人及雙方主婚人向來賓舉杯致謝	03、舉杯音樂	
	宴會開始	服務人員開始上菜		
1900～1905	【開席後新人於主桌用餐】			
1905～1935	【新郎及伴娘陪同新娘換第二套禮服】			
1935～1945	第二次進場	新人情歌對唱進場	04、愛情限時批	
	婚禮活動	新人上台，邀請單身朋友上台進行抽捧花活動。	05、捧花音樂	
1945～2000	敬酒	由服務部主管領主婚人及新人敬酒		
2000～2030	【新郎及伴娘陪同新娘換第三套禮服】			
2030～2040	第三次進場	新人隨音樂分送小禮物進場	06、LOVE	視時間進行而訂是否進場
	婚禮活動	新人上台致謝詞給現場賓客及雙方主婚人	07、背景音樂	
2040	上水果	服務人員上水果		
	送客	視賓客離席情況由婚顧通知新人送客	08、送客音樂	

參、主題婚禮活動規劃

了解了基本婚宴流程安排後，爲了讓婚禮更能量身訂作，而不是只是一般套版式的婚禮，那麼就應該再加入一些主題婚禮的元素，才能讓每一場婚禮呈現不同風貌。

還記得在前一章節，我們所提到的主題婚禮規劃嗎？首先可以了解新人的基本資料及需求，進階再了解新人的愛情故事，接下來就是將新人的故事加以吸收及消化後，得到一個婚禮主題。接下來本單元將帶大家一起討論婚禮流程的規劃，如何與新人的婚禮主題或是新人的故事結合，成爲獨一無二特別的主題婚禮活動。

在主題婚禮流程規劃這個重要的環節之中，了解新人的愛情故事、成長背景及婚禮需求及喜好，是徹底實踐這個目標重要過程。二人的職業？二位怎麼認識的？看到彼此的第一印象？在一起的關鍵？如何告白？最欣賞彼此的優點？在一起印象最深刻的事？平常的相處的方式及共同的興趣？決定結婚的理由？有無求婚？對於未來的想法？……問什麼並不困難，而能保持一顆「好奇心」才是成功的王道，得到資訊後以下提供幾項執行時的要點，輕鬆爲新人量身訂作專屬婚宴唷！

（一）愛情故事

以新人的愛情故事爲出發點安排的婚禮流程，是最能讓人感動及印象深刻的。例：新人與合夥蛋糕店認識，在全白的蛋糕上一起彩繪璀璨的人生。

（二）成長背景

新人的成長背景除了可運用於影片製作，亦可融入流程之中，使親友更了解新人。例：安排新人小時候照片猜一猜活動與來賓互動。

（三）興趣喜好

新人的特別興趣或才藝，可安排於活動中展現新人之個人特色。例：新人喜歡唱歌，因此開辦婚禮演唱會。

（三）希望的氣氛

新人如果有特別希望能營造的氣氛，提供執行上的建議。例：以互動遊戲來營造輕鬆熱鬧的氣氛。

主題婚禮活動規劃並不困難，而是必須徹底了解婚宴的時間架構並加上對新人婚禮需求及故事的了解，其實就可以輕鬆爲新人量身訂作專屬的婚宴流程囉！

肆、學習評量

一、選擇題

（　）1. 一般婚禮的建議準備期時間爲多久？

A.30 分鐘　B.60 分鐘
C.90 分鐘　D.120 分鐘

（　）2. 一般星級飯店的上菜時間爲多長？

A.90 分鐘　B.100 分鐘
C.110 分鐘　D.120 分鐘

（　）3. 新娘換裝時間最妥善的安排爲何？

A.20 分鐘　B.30 分鐘
C.40 分鐘　D.50 分鐘

（　）4. 下列不是在安排婚禮活動前一定要了解新人的需求？

A. 宴客型態　B. 賓客比重
C. 新人預算　D. 禮服數量

（　）5. 主題婚禮活動規劃可從哪裡開始著手？

A. 愛情故事　　B. 成長背景

C. 興趣喜好　　D. 以上皆是

二、問答題

1. 請簡述婚禮的時間安排共分成幾個時段？分別多久時間較爲合適？
2. 請簡述準備期婚禮顧問的工作職責？
3. 請簡述婚禮活動安排原則？
4. 如新人宴客的桌次爲 60 桌，建議安排的敬酒時間爲多長？

解答：1.(D)　2.(D)　3.(B)　4.(C)　5.(D)

第九章 婚禮多媒體應用

李佩純（Patty）

章節說明

壹、前言

貳、婚禮影片的應用

參、婚禮音樂的應用

肆、婚禮紀錄的應用

伍、婚禮周邊多媒體應用

陸、學習評量

學習目標

——研讀本章內容後，學習者應能達成下列目標：

1. 了解多媒體影片與婚禮的結合運用。
2. 了解音樂與婚禮的結合運用。
3. 了解婚禮紀錄的重要性。
4. 了解其他周邊婚禮多媒體運用。

壹、前言

近年來，拜資訊及科技發達所賜，婚禮不再只是吃吃喝喝或是只有互動遊戲的婚禮，而是加入更多元化的多媒體資訊，讓婚禮可以更為豐富。甚至傳統的婚禮紀錄也運用多媒體的資源，讓婚禮的回憶更能完整的保存，成為名副其實的美好回憶。

本章節將依照婚禮上常使用的多媒體資源：婚禮影片、婚禮音樂、婚禮紀錄及婚禮周邊一一說明其運用方式及特色。

貳、婚禮影片的應用

一、婚禮影片的發展

婚禮影片在近年來已經成為了婚禮流程安排時的必要流程，婚禮影片到底從何開始，我們不可考，不過就筆者的經驗判斷，最早於西元 2000 年，日本的婚禮開始流行在婚禮前播放新人成長的歷程及愛情相戀的故事，讓一同參與婚禮的賓客可以了解新人的背景及故事，甚至可以讓參與的賓客感受到婚禮的溫馨及浪漫的氛圍；而台灣婚宴業者嗅到了這一股浪漫的氣氛及商機，在 2002 年開始，將婚禮成長愛情影片成為宴席的附加產品，只要訂購喜宴即贈送新人成長及愛情故事的介紹影片。當時造成了產業相當大的轟動，因為這可是婚禮產業的一大創舉。也因為這樣的行銷方式，成功的讓成長愛情影片成為婚禮流程中不可或缺的橋段。

二、婚禮影片的製作軟體

而早期的影片製作軟體並不如現今發達，甚至只有專業剪接師才能擁有影片剪輯軟體，而一個軟體的費用成本動輒幾萬塊，也不是每位新人負擔的起，就算負擔的起，結婚後的使用機率也幾乎為零。所以早期的婚禮影片，為了在有限的預算內，且每個人都可以使用的原則下，最早開始流行的是使用「微軟 office 系統 PowerPoint」進行製作，透過製作簡報的軟體，使用內建的動畫及特效，將一張張新人的成長及交往過程中的照片，搭配上故事文案，經過動畫及時間的安排，最後搭配上一首動人的情歌，一支 3～5 分鐘的成長愛情影片即完成。

當然，隨著科技及電腦的進步，軟體不斷的推陳出新，市場上很迅速的研發出許多低單價甚至是免費的影片剪輯軟體，讓新人製作婚禮影片不再只有使用 PowerPoint 的選項，而是多了許多如：威力導演、Movie maker 、繪聲繪影、iMovie…… 等簡易操作的影像編輯軟體，而且影像畫素也隨著相機畫素的提高，也開始能輸出更高解析度的影片，讓新人或婚禮顧問自行製作的婚禮影片都能擁有高水準的質感。近年來除了上述提到的影片軟體，更多影片專業人才，使用 Adobe 的 Aftereffect 及 Premiere 製作高畫質的婚禮動畫，讓婚禮影片整體質感提升。

三、婚禮影片類型介紹

（一）成長愛情故事影片

最早流行的影片類型，影片當中包含了新人從小到大的成長過程及戀愛交往的經過，透過文字及音樂的編輯，讓參與婚禮的賓客能在短時間內了解新人的故事，同時也感受到新人的甜蜜回憶。

（二）愛情故事影片

利用新人交往過程中每個時期所拍攝的照片或影片，加入新人戀愛故事的發展經過，讓參與的賓客能了解新人的交往過程及戀愛時的酸甜苦辣，將這些甜蜜蜜的滋味分享給所有的好朋友。

（三）感謝父母影片

從小到大父母總是給我們滿滿的愛與支持，尤其是到了要成家立業的時刻，父母總是會主動給予許多的協助，但台灣人個性較爲含蓄，很少親自對父母親表達內心的感謝及愛意。因此，建議新人可以在婚禮當天，在親友面前大方的和父母表達感謝，可以讓父母內心歡欣，也贏得面子。一般常見的影片製作方式，以新人與父母合影的成長照片加上感謝文字，透過編輯，向父母敘說內心的感謝之意。

（四）婚紗影片

拍婚紗照，是許多新人在決定結婚時第一件二人一起完成的事情，而這些照片也象徵爲二人的愛情留下重要的回憶，婚禮當天可以將二人幸福的回憶化做爲影片，可以在賓客等待婚禮開始前，或是用餐的過程播放，讓這甜蜜的回憶能與所有來賓一同分享。

（五）婚禮預告影片

除了使用喜帖邀請賓客參與婚禮外，也可以考慮利用新人的照片及喜帖的邀請文案，搭配宴客的相關資訊，製作成婚禮邀請短片，在婚禮前透過網路傳遞方式，將喜訊分享給身旁的朋友，這樣別出心裁的邀請方式，肯定讓朋友對婚禮充滿期待，也可以成爲另類的數位喜帖唷！

（六）婚禮開場影片

一場美好的婚禮除了透過婚禮主持人的串場引導外，婚禮影片也是主題及氣氛營造的小幫手，建議如新人的婚禮有特別的主題，可事先做主題婚禮的開場影片，將主題的內容及元素在影片中一一介紹，可以快速讓賓客進入婚禮主題，主持人在主持時更能縮短介紹時間，而多了點與賓客的互動時間。

（七）感謝賓客影片

結婚當天是新人親朋好友們難得聚會的日子，建議新人可以在婚禮當天安排感謝貴賓的婚禮橋段，如新人擔心上台致詞，不如建議新人可以將心中的感謝話語，搭配與親友們的合照，透過影片的方式傳達感謝也是個不錯的方式。

（八）流程活動影片

婚禮活動進行過程中，也可以搭配婚禮流程影片的製作，讓賓客可以更加清楚活動的進行方式或內容。例如：新人進行捧花傳承活動時，可製作捧花入圍者影片，透過影片來介紹參與活動的單身女子名單，除了讓大家清楚活動進行方式，更可以幫單身朋友宣傳擇偶的條件。

（九）新人訪談影片

除了使用照片來說故事外，另外建議可以邀請新人「獻身」錄影訪談影片，透過一問一答的方式，由新人自己向賓客分享二人的愛情故事或是成長歷程。也可以透過事先錄製影片的方式，向父母表達內心的感謝，或是對另一件的眞情告白。

（十）新人微電影影片

近年來，有許多新人開始仿照偶像劇的方式拍攝婚禮微電影，由新人擔任男女主角，並找來專業的影片製作團隊，將新人的故事編列成微電影腳本，由新人親自演出二人的愛情故事，讓大家對於故事的內容不再是看圖說故事，而是用生動活潑的方式呈現。

（十一）求婚影片

不少新郎在婚禮前會對新娘安排一個浪漫的求婚儀式，但是求婚儀式的進行多數只有新人二人，或是部分朋友參與，大多數的賓客是未參與到這個浪漫的過程，因此，如果新人在婚前已有安排的求婚儀式，建議新人可以安排朋友，或是專業的攝影師全程記錄，再將紀錄內容剪輯成短片，並於婚禮上播放，讓參與的賓客也能感受到求婚當時的浪漫氛圍。

參、婚禮音樂的應用

婚禮上除了利用影片說故事來豐富婚禮活動外，音樂更是扮演營造婚禮氣氛的重要角色。如新人的婚禮想營造較熱鬧的氣氛，可以選擇節奏較為輕快的音樂。又或者是新人想營造較時尚的婚宴，那麼就可以選擇令人放鬆的沙發音樂。

婚禮的音樂絕不只是一種氛圍到底，而是要搭配婚禮的流程活動，及每個階段想營造的婚禮氣氛，再安排合適的婚禮音樂，因此，可以將音樂的安排時段分類如下：

一、迎賓音樂

迎賓音樂是賓客抵達婚宴現場的第一印象，也是最直接的感受。可以依照新人期待的婚禮氣氛，或是婚禮主題的設定，安排合適的迎賓音樂。例如：迎賓時，每位賓客皆是帶著期待與開心的心情前來，建議挑選節奏較輕快的音樂，有助於大家保持愉快的心情，同時也為即將開始的婚禮氣氛暖身。如果新人的婚禮有設定明確的主題方向，可以依照婚禮主題挑選合適的音樂，例如：婚禮的主題以海灘風為主題，那麼音樂的選擇上可以挑選較有海灘風情的音樂。如果婚禮的以上海風為主題，音樂建議可以選擇有較為有復古情懷的國語老歌。

二、流程音樂

新人進場或是活動進行時等重要時段的音樂安排。可以根據新人活動安排的內容及每個階段氣氛營造的期待，安排合適的流程音樂。新人進場音樂選擇，可建議新人使用二人交往過程中的定情曲，或是二人皆非常喜愛的歌曲為主。而活動音樂則視流程內容搭配，例如：安排感謝父母活動時，可以搭配較為溫馨的音樂，讓現在的賓客可以跟著新人一同融入感性的情緒；安排與來賓互動遊戲時，可以搭配較熱鬧的音樂，透過音樂本身的節奏感，帶領賓客一起動起來。

三、用餐音樂

婚禮進行的過程中，用餐時間，也就是我們先前提到的宴會期，是賓客參與婚宴時最長的一段時間。因此音樂的選擇也不能馬虎。除了剛才提到可以依照新人所需的氣氛或主題準備音樂外，更可以將用餐時間細分成二個不同時段，可分別安排合適的音樂。第一個時段為新人一進後至二進前的時間，此時賓客最大的期待就是大快朵頤一番，因此建議可以選擇較為輕柔或是節奏較慢的音樂，有助於賓客們擁有一個舒適的用餐環境。而另一時段則是在新人二進後，進行敬酒至送客的時間，此時賓客已有些許的飽足，開始舉杯寒暄，建議可以挑選較為輕快或是節奏較快的音樂，有助於帶領現場歡樂的氣氛。

肆、婚禮紀錄的應用

除了音樂及影片已在婚禮上廣為應用外，平面攝影及動態錄影已成為婚禮回憶重要的圖像及影像紀錄者。透過影片及照片的紀錄為新人補抓一生一次的重要回憶。而不論是平面拍照或是動態錄影，也隨著科技不斷進步，攝影器材也不斷的推陳出新。讓新人們也能輕鬆擁有如明星般的婚禮紀錄。

婚禮紀錄如此重要，以下供挑選婚禮紀錄的重點參考：

一、婚禮紀錄者的本質

了解婚禮紀錄者的專長，再選擇適合自己的婚禮攝影師。目前台灣常見的婚禮攝影師，可分為婚紗攝影或是婚禮紀錄。婚紗攝影雖然與婚禮紀錄皆屬人像拍攝，但多數婚紗業者拍攝方式，多數採用定點人像停格，並預先擺好姿態的拍攝方式；而婚禮紀錄則是跟著儀式流程同時進行，無法用人像定格方式拍攝，若是如此，將會讓儀式斷斷續續進行，可能會影響婚禮當天流程的順暢度。目前台灣仍有不少婚紗及婚禮紀錄皆精通的高手，建議可以先了解婚禮紀錄者本身的專長，可以多多欣賞其作品，再選擇適合的婚禮紀錄。

二、婚禮紀錄者的評價

近年來，隨著攝影的數位化、以及數位相機的普及，婚禮紀錄的攝影師如雨後春荀般冒出，現行市面上充斥著大大小小的「攝影師」，很多兼差的玩家，背台相機便說是專職專業的婚禮攝影師，服務及作品的品質良莠不齊。建議可先透過網路了解其婚禮紀錄者的評價及欣賞作品，避免踩到婚禮地雷。

三、照片的自然和諧性

一位優秀的婚禮紀錄者，會細膩的觀察，並捕捉新人互動的瞬間，而非定格的拍照。於是自然和諧性便考驗攝影師的掌握能力，照片拍攝時機點越好，被攝影者的神情看起來便會越自然，所以和拍攝的和諧性也是相當重要的一個環節。

四、照片的構圖能力

攝影師的美感即反應該照片的構圖上，因此在選擇婚禮紀錄時，應注意照片是否有不適當的構圖與裁切。一名優秀的婚禮紀錄，勢必具備有快速構圖取景判斷能力，能簡化背景、強化照片主題。而照片的調色就取決於個人喜好囉！

除了上述的幾點，當然還考慮攝影師的拍攝器材、拍攝時間及費用、是否爲本人拍攝、作品交件時間……，做好功課搭配完善的溝通，選擇一位可信任的婚禮紀錄一點也不困難囉！

伍、婚禮周邊多媒體應用

隨著現代人生活方式的改變，婚禮也有許多與資訊產業結合的產品，例如：有廠商將原本手機或電腦才有的自拍軟體，改裝成能與賓客一同拍照留念的「婚禮互動機」，事先將新人的照片做為圖框，讓參與賓客可在婚宴現場與機器中的新人照片共同合影留念，最後只要輸入手機號碼或是電子信箱，即可收到照片。又或者是將惱人的喜宴帶位，透過軟體的使用，讓參與的賓客，只要到婚宴現場於互動機中輸入自己的名字，即可知道當天喜宴座席的安排。

多媒體的應用相當廣泛，婚禮顧問人員除了了解產品的使用方式，更要不斷的追求新知，才能將婚禮的最新資訊提供給新人使用，也讓自己隨時進步，不會成為跟不上時代潮流的過時婚顧哦！

陸、學習評量

一、選擇題

(　　) 1. 哪個不是常見的影片製作軟體？

A. 威力導演　　B. 繪聲繪影

C.Word　　D.iMovie

(　　) 2. 如新人想向自己的父母訴說感謝，建議可以製作何種類型影片？

A. 成長愛情影片　　B. 愛情故事影片

C. 婚禮開場影片　　D. 感謝父母影片

(　　) 3. 何種影片可以當做婚禮邀請，通知親友們參加婚禮？

A. 婚禮預告影片　　B. 愛情故事影片

C. 婚禮開場影片　　D. 感謝父母影片

(　　) 4. 婚禮活動安排上建議可製作何種類型影片，提高賓客的活動參與度？

A. 婚禮預告影片　　B. 愛情故事影片
C. 婚禮開場影片　　D. 流程活動影片

(　) 5. 如果新人婚禮的主題設定爲「夜上海風」，那麼建議當日播放音樂的風格爲何？
A. 拉丁爵士樂　　B. 鋼琴古典樂
C. 國語懷舊歌曲　　D. 近代流行音樂

二、問答題

1. 請列出 5 種常見的婚禮影片的類型？
2. 請簡述多媒體音樂哪些時段？
3. 請簡述挑選婚禮紀錄的重點？

解答：1.(C)　2.(D)　3.(A)　4.(D)　5.(C)

第十章 婚禮執行細節

陳怡均（Jill）

章節說明

壹、完美婚禮流程時間規劃
貳、婚禮重要人士擔任角色及介紹順序
參、賓客座位安排禮儀
肆、婚禮工作人員人力分配
伍、婚禮彩排注意事項
陸、學習評量

學習目標

——研讀本章內容後，學習者可達成下列目標：
1.了解婚禮籌備的順序及時間規劃。
2.如何將婚禮面面周到、賓至如歸。
3.有效的婚禮人力資源安排。

壹、完美婚禮流程時間規劃

要完成一場夢寐以久的完美婚禮，我們需仰賴完整的時間安排，現在人們生活忙碌，如何在工作、家庭、不同的角色當中還能規劃一場賓至如歸的婚禮？婚禮顧問就必須提出完整的經驗與建議，並在不同階段時期給予新人提醒與專業。

一、婚禮籌備行事曆

（一）婚禮前期

十個月前

1. 先想好你夢想中的婚禮型態以及預算
2. 與長輩溝通討論婚禮模式
3. 先將兩方的宴客名單大致列出並開始找尋適合之宴客場地
4. 選擇婚紗攝影禮服／排定婚紗外拍期間

六個月前

1. 選購婚戒及習俗需要之珠寶首飾
2. 婚前健康檢查與牙齒治療
3. 決定現場攝影錄影人員 & 新娘祕書的檔期
4. 拍攝結婚照

三個月前

1. 決定捧花頭紗
2. 進行美髮，美容整體，全身保養
3. 安排蜜月旅行行程
4. 了解結婚之禮俗
5. 尋找喜餅並估計數量

6. 與禮服祕書敲定禮服以便修改

（二）婚禮中期

兩個月前

1. 設計髮型及試妝
2. 設計喜帖
3. 確定伴郎、伴娘名單
4. 辦理護照（蜜月）

四十五天

1. 與婚禮顧問討論婚禮細節 & 婚宴的流程與細節之安排
2. 邀請主婚人、介紹人、證婚人
3. 確定蜜月旅行細節
4. 預定禮車
5. 試吃酒席（試菜）
6. 購置家具、家電用品
7. 向公司申請婚假
8. 印製喜帖

一個月前

1. 宴請婚禮當天之工作人員
2. 寄發喜帖並電話通知
3. 婚禮小物的確認和訂購
4. 喜餅訂購數量

兩週前

1. 電話確認喜帖回覆賓客
2. 訂定蜜月行程及敲定旅館事宜

3. 與餐廳敲定菜色桌數 & 素食人數 & 注意事項的確認回覆等
4. 確定婚禮工作人員名單
5. 準備結婚證件（印鑑證明……等）

一週前

1. 與婚禮顧問再次確認時間與細節
2. 購買婚禮用品
3. 確認婚宴現場各事項細節
4. 新娘去除汗毛修面、腳部等等保養
5. 檢查蜜月旅行所應攜帶之物品
6. 與證婚人或牧師做最後的確定
7. 喜餅送達指定賓客處

一天前

1. 提領結婚當日所需之禮金及紅包
2. 迎娶的程序及時間確定、禮服確定（套數、領取時間）
3. 確定結婚禮服、婚宴服飾品
4. 凡是次日所需首飾、配件、絲襪（可準備兩雙）、披肩、鞋子均需放妥
5. 充足的睡眠（睡前不要喝太多水）
6. 捧花確定
7. 當天需提早半小時到達化妝地點
8. 準備一個功能齊全的化妝包
9. 送客小禮 & 喜餅送達地點和時間的確定
10. 在新家貼些「囍」字，以添喜氣

（三）當天

1. 吃一頓豐盛的早餐
2. 保持愉快的心情準備儀式
3. 請一二位好友隨側料理雜物與協助
4. 注意首飾禮金等貴重物品，最好請專人看管
5. 男方準備結婚證書及禮品到女方家迎娶
6. 早晨起床依與新祕約定時間，做美容及髮型，並在男方迎娶前一小時完成
7. 宴客時，新娘必須保持端莊優雅：送客時，面帶笑容，並向來賓一一致謝
8. 先至戶政事務所登記結婚事項（假日可先向戶政事務所預約）或事先登記

二、婚禮當日流程規劃

婚禮當天的流程規劃因人而異，也非每次婚禮看到新人發小禮物進場就得發小禮物，或是看到都有撥放婚禮影片就一定得做影片，規劃流程前還是要先請新人回想一下他們夢想中婚禮的樣式？以及他們想要的婚禮氛圍？婚禮顧問再結合他們的想法，配合實際上的可行性，來實現他們的婚禮夢。

除了新人想要的婚禮氛圍，婚禮流程的其中一個影響重要元素就是「人」，婚禮當天的賓客比例不同，婚禮流程也該做不同規劃，才不會導致婚禮當天，怎麼所有活動都照著做了，卻營造不出自己想要的效果。

1. 先與婚顧討論出想要的婚禮氛圍

有些新娘從小就夢想著當公主，希望婚禮是夢幻、甜美的，那當然婚禮顧問就可以多使用些夢幻的元素，如童話故事裡的馬車、粉紅色：而當

然也可以以新人的工作、興趣、喜好、愛情故事來規劃他們專屬的婚禮流程，讓流程更有個人化。

2. 考量宴客的客層

相愛是兩人的事，結婚卻是兩家庭的事，或許新人有自己想要的婚禮，但如果長輩也有些想法或宴請長輩的客層居多，在流程設計上也要多注意，有時太過於「流行性」或炒 HIGH 氣氛的流程，或許長輩的參與度就不會那麼高，或新人自己本身宴請賓客也是屬於冷靜派，建議可以安排一些較爲溫馨好參與的活動；相對的如果宴客客層都是以自己的朋友爲主，大家都是 HIGH 咖，當然流程要安排唱歌跳舞演唱會，都可以得到熱烈參與。

3. 確認宴客場地可以提供的硬體設備

現在台灣的婚宴場地可提供不同容納人數的需求，甚至都有各自的風格特色，在規劃流程中婚禮顧問也可以依宴客場地的大小及硬體設備來設計發揮，如場地偏寬鬆或許可以設計個舞台讓大家一起跳舞，如場地擺桌後已顯爲擁擠，建議流程活動以舞台上爲主，也可善用宴客場地原本就有的硬體來做特色流程，如在泳池畔就可以設計個池畔爵士婚禮，場地有個升降機，或許也可以安排新人來個不同的進場方式，從天而降也是不錯的選擇。

4. 清楚的任務分配以及前置作業

新人們常常會有很多的想法或有夢想中的婚禮，但在婚禮那天卻無法完美呈現是因爲「新人婚禮當天通常都是最無法動作的！」，想想新娘總是要在新娘房裡梳妝等待，而新郎總是在外面一個人招呼賓客，所以有好的主題也要有清楚的執行表或任務職掌，將工作可以細分給每位負責人，也讓工作人員都可知道當天婚禮流程的大綱，必要時才可以出手協助，婚禮顧問也可以善用這些親友團來讓當天婚禮更完美順利。

三、中式儀式流程─文定流程

	項目	說明
1	祭祖	出發前男方在家中先祭祖，告知祖先家裡辦喜事，祈求姻緣美滿
2	出發	當日男方攜帶聘禮（六禮或十二禮），放鞭炮出發前往女方家 赴女方家的人由男方親近親友；父、母、準新郎＋3人數／禮車需爲雙數，但避免4或8的人數，禮車一般爲6輛 雙方看好戴戒指時間（通常上午11點前），男方應提前抵達
3	納采	男方車隊到女方家前一百公尺處時「鳴砲」，女方也「鳴砲」回應 媒人下車後，大家接著下車；新郎最後由女方家幼輩帶敬酒盤端橘子開車門請出象徵吉利。新郎給幼輩紅包，是開門禮
4	介紹	男方親友依序入女家，媒人正式介紹雙方親友；先介紹男方給女方
5	納徵	男方抬木椹盒（紅木盒）聘禮進女方家客廳，女家接受聘禮賞與紅包，將聘禮一一陳列 媒人居中將大小聘禮、金飾等禮單點交女方家長，將聘禮收好，並在桌上陳列
6	奉甜茶	女方長輩請男方喝茶親友由右到左、由長到幼入座，新郎居末座（共6或8或12人） 新娘此時才由一福壽雙全好命婆牽出，奉著甜茶向男方來賓一一敬茶，並改稱呼
7	壓茶甌	片刻後再由好命婆牽引新娘，捧茶盤出堂收茶甌（杯），男方親友將紅包放在茶杯中，或壓在茶杯底下）一一置於茶盤

	項目	說明
8	踩圓凳／戴戒指	戒指：分金戒、銅戒（取同音，指夫妻同心）（現爲銀戒） 用紅線相繫，好命婆牽引新娘至大廳 在雙方家長與親友的福證下，準新娘面向外坐在正廳中的高椅上，腳放矮椅上（高椅坐，矮板凳放雙腳） 戴戒指，先戴新娘中指再戴新郎中指（通常只套到第二指節，男女皆右手），媒人念吉祥語 準婆婆替新娘戴上項鍊或首飾，見面禮之意，母親再爲準新郎戴上項鍊
9	祭祖	請新娘之舅父點燭燃香告知祖先 點「排香」兩對，女方父母及準新人各一，共四份，媒人念吉祥語，隨之由女方父母拜神明、祖先，並告婚事已定，祈求保佑
10	女方回禮	女方回送男方禮品稱爲「回盛」（又稱壓盛），擺入男方「行聘禮品」取出後的空椹（紅木盒）內 女方將男方送來的「行聘禮品」回送一部分 新娘事先準備好送新郎從頭到腳的隨身用品（6件或12件），準備禮單，註明回禮十二項 傳統回禮
11	訂婚宴	訂婚儀式完成後，女方設宴，用餐畢男方家長給「壓桌禮」紅包，「姊妹桌」紅包 女方並應備雞腿紮紅紙附上紅包一份給男方幼輩 男方應至贈給所有幫忙的人紅包，以爲謝禮 男方見魚離席，送客不相辭，不說再見
12	贈餅	女方將訂婚喜餅分贈親朋好友，新娘不吃自己喜餅

四、中式儀式流程－迎娶流程

	項目	說明
1	祭祖	出發前男方在家中先祭祖，告知祖先家裡辦喜事，祈求姻緣美滿

	項目	說明
2	出發	出發前先發放紅包給工作人員，放鞭炮出發前往女方家 赴女方家的人由媒人、男儐相、花童、親友 人數／禮車需爲雙數，但避免4或8的人數，禮車一般爲6輛 新郎記得拿捧花
3	鳴砲	迎親禮車前往女家途中，沿路燃放鞭炮以示慶賀，如遇過橋或另外的迎親禮車隊時，則燃放排炮
4	吃姊妹桌	新娘於新郎迎親隊未到達之前，與家人及姊妹一起吃飯，說吉祥的話道別祝福
5	新郎到達	迎親車隊到達新娘家前，應燃炮通知，女方也燃炮回應。並有一男童持盛橘子的敬酒盤等候恭迎新郎。 新郎應回紅包答禮。
6	吃甜湯圓	女方應預備好甜湯圓及甜茶，並招待新郎及迎親賓客享用
7	討喜	新郎手持捧花，到新娘的房間，此時新娘的姊妹及女性朋友要阻攔新郎，可提出問題要新郎回答，通過考驗才讓新郎見新娘
8	拜祭告別	新郎把捧花交給新娘後，由新娘母親替新娘把頭紗放下，再由媒人婆挽出大廳，新郎新娘男右女左面向祖先神明，新娘父親或長輩燃香點燭，新人上香拜祭，先神明後祖先，接著向父母三鞠躬行禮告別（新娘叩拜，新郎鞠躬便可）
9	出嫁	新人及陪嫁姊妹一同預備上禮車，注意出門時不可踩到門檻，以免對娘家不利。
10	禮車	新娘禮車前方應掛一棵由根至葉的青竹或甘蔗，並繫著豬肉及紅包。後方側掛畫有太極及八卦的米篩。（代表福氣，健康及驅邪避兇）
11	上禮車	由媒人婆牽著新娘。頭上以竹篩或黑傘遮蓋，頭不能頂天見陽光，護著新娘進禮車。新娘上車後，有一生肖吉祥的小男孩持繫有紅包的扇子給新娘，新娘以紅包答謝

	項目	說明
12	不要說再見	所有人在離開女方家時都不能說再見，新娘上禮車後，女方家長應將一盆清水潑向新娘，代表女兒已是潑出去的水，及祝福女兒以後有吃有穿
13	擲扇子	當禮車起動時，新娘把扇子掉出窗外，代表不把壞性子帶到婆家去
14	報喜	由女方家至男方家，沿途燃放鞭炮，到達男方家門時，則雙方（迎親隊及男方家人）燃炮慶賀
15	摸橘子	禮車到達後，由有位帶著兩個橘子的小孩來迎接新人，新娘要輕輕摸一下橘子，再回紅包答禮。（這兩個橘子要留到晚上由新娘親自來剝，可招來長壽）
16	新娘下車	新娘下車時，由媒人婆持米篩或黑傘遮蓋，牽出禮車，帶領新娘摸過橘子後，再引導新娘踩瓦片（踩碎），過火爐，進入男家大廳時，腳要跨過門檻，不能踩踏
17	敬茶	先敬茶上香拜祭神明祖先，再向家中長輩逐一敬茶，順道把長輩介紹給新娘認識
18	夫妻交拜	新人一拜天地，二拜高堂，夫妻交拜，送入洞房
19	禮成	入洞房後，米篩放在床上，新人同坐在墊有新郎長褲的椅子上，表示兩人從此一心，然後新郎把新娘的頭紗揭開，飲交杯酒，同食由蓮子，花生，桂圓或黑棗等做成的甜湯圓，意謂早生貴子

貳、婚禮重要人士擔任角色及介紹順序

相愛是兩個人的事，但結婚就是兩個家庭的事，婚禮上是最好場合讓新人可以認識雙方的親朋好友，而一場婚禮有些重要的角色更是需要婚禮顧問提醒新人是否需安排至活動流程裡或是否需要特別介紹，基本上可以分類爲：（一）婚禮上所需角色以及（二）協助婚禮更流暢的功能性所需角色。

一、婚禮上所需角色

1. 主婚人

新人的父母親，雙方父母親皆出席表示同意並祝福子女幸福美滿。

2. 伴郎伴娘

新人的好朋友或親屬，也可稱「儐相」或「陪娶（嫁）」，在西方來講伴郎的起源源自於古羅馬時代，在婚禮日爲了混淆想要來搗亂的惡魔，伴郎會穿著相似新郎的衣服，讓惡魔不知道哪位是眞的主角；而現在伴郎伴娘主要是婚禮當天可以陪伴在新郎（娘）旁邊，協助打點周邊事情。

3. 花童

新人朋友或親屬的孩童，在新娘下禮車時拿橘子或蘋果給新娘摸討吉利，進場時也可以在新人前方灑花瓣開啓幸福大道，爲婚禮添加可愛浪漫氛圍，並祝福新人早生貴子。

4. 證婚人

婚禮上代表著所有賓客一同來見證婚姻給予新人祝福，通常可能是長輩的重要貴賓、有力人士或新人的長官、德高望重的貴賓；或新人選擇公證結婚時，簽署結婚證書時需有證婚人一同簽名見證。

5. 介紹人

當初介紹新人倆認識的朋友、同事或親友，如新人並非介紹而認識則也可找一位婚姻美滿多子多孫的長輩來擔任。

6. 特殊貴賓

與新人或長輩相識，婚禮上給予致詞或祝福來慶賀新人百年好合之人物。

二、功能性所需角色

1. 迎娶車隊人員

新郎、媒人、司機及伴郎們，車輛通常以六輛爲主（主禮車在第二輛）。

2. 帶領習俗人員（媒人）

一般可由長輩安排較懂禮俗的親友在迎娶或進門時協助習俗流程。可以在適當時間講好話或提點禮俗。

3. 收禮人員

代收賓客紅包禮金；兩人爲一組，一人收取紅包（提醒賓客要在紅包袋上填寫上名字以方便知道紅包來源），將紅包依號碼編號並將內禮金數字點好後填寫金額在紅包袋上，另一位則將編號、賓客姓明以及金額填寫到禮金本裡，將紅包統一收齊，在賓客入席告一段落後可協助拆紅包，將鈔票分類點鈔核對禮金本上總額是否相符。

4. 發餅人員

如訂婚宴或是訂結一起，女方可以多安排專屬發餅人員，在賓客進場繳交紅包時可依取餅名單一起發送喜餅給賓客。

5. 總招待

分擔當天新人及雙方家長的工作，使其可以更有時間與賓客互動以及享受婚禮，總招待主要帶領招待人員爲賓客帶位、與宴客場地做對應窗口、協助所有細項大小事。

6. 招待人員

協助總招待來爲賓客帶位，招呼款待親友協助所有細項大小事。

三、介紹順序

因近年來，受西方風氣的影響，台灣也非常盛行歐式戶外婚禮三部曲，其介紹順序如下

1. 觀禮篇

觀禮嘉賓入席
主婚人就位
證婚人就位
男女儐相入場
花童入場
新郎就位
主婚人攜新娘進場
主婚人復位
新人進場
證婚人宣讀證詞
新人交換信物
新人揭紗、親吻、用印
證婚人致賀詞
謝證婚人
謝親恩
禮成、謝嘉賓

2. 迎賓酒會篇

幸福捧花傳遞
庭園合影
輕鬆享用茶點

3. 宴客篇

男女儐相入場

花童入場

新人第一次進場

貴賓致詞

主婚人致詞

饗宴開始

新人換裝

新人第二次進場

互動時間

新人致謝詞

新人敬酒

新人換裝

送客

參、賓客座位安排禮儀

婚禮是人生中相當重要的一個里程碑，當天會有許多從小到大、在不同的階段陪伴著新人成長的家人親友、同學、同事，每一位都佔有不同重要的角色，如何安排賓客的桌位可以賓主盡歡，顧慮到每位賓客且不失禮節，是一們很重要的學問唷。

一、儀式篇

教會儀式基本上可依程序單之流程來安排位置，而程序單雖然流程可能大同小異，但建議還是與自己的教會或婚禮顧問來做討論修正，儀式進行中可以爲雙方家人以及需要上台的人物安排好位置，以利活動進行動線

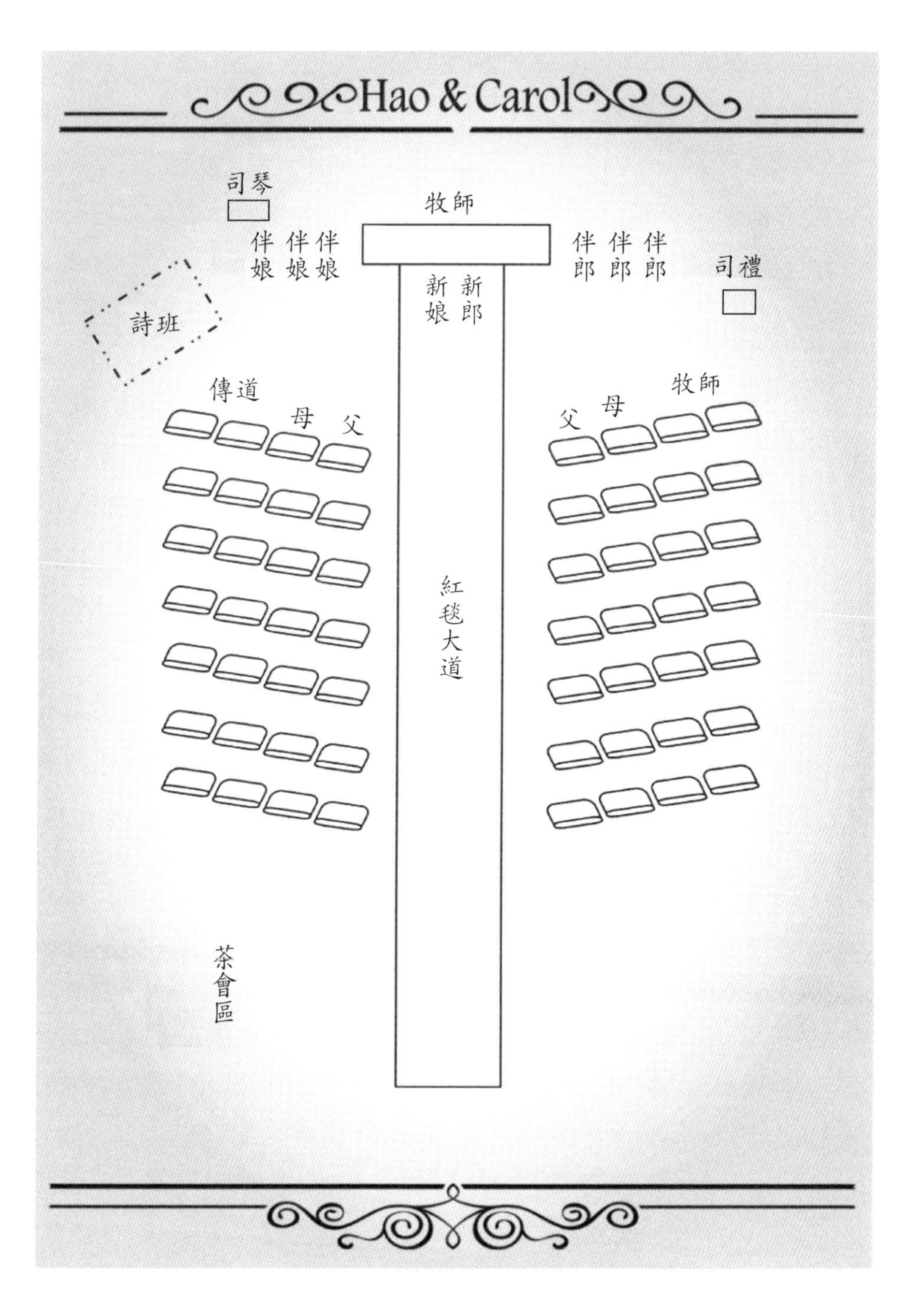
Hao & Carol
司琴
牧師
伴娘 伴娘 伴娘
伴郎 伴郎 伴郎
司禮
新娘 新郎
詩班
傳道
母 父
父 母
牧師
紅毯大道
茶會區

順暢，其餘賓客則可隨意而坐，但也建議由前面位置開始坐滿，近紅毯兩旁往左右坐，來製造豐富感。

也別忘了在儀式後的合照時間也安排一下順序流程，以利所有參與儀式的賓客都可以留下紀念，如：1. 雙方家長；2. 牧師傳道；3. 新郎親友；4. 新娘親友；5. 新郎朋友；6. 新娘朋友；7. 大學同學；8. 教會弟兄姊妹；9. 其他

二、宴客篇

（一）宴客時的座位基本原則

1. 主桌基本來講坐12位：新人、雙方家長、母舅、更年長的直屬家人。
2. 離主桌越近的爲越重要的貴賓：如親戚、家人、長官貴賓。
3. 新人雙方父母應有自己的區域安排同質性賓客：如父母的兄弟姊妹可以比鄰桌而坐安排。
4. 紅毯兩旁附近可安排較熱鬧的賓客：如朋友或同事、與新人較親近，氛圍容易營造。

（二）在基本原則下，接下來可以依宴客客層比例或想營造的婚禮氛圍來安排座位。

1. 溫馨敘舊

如有一定比例是長輩親戚的婚禮，更要注意輩分順序，長幼有序，讓貴賓們可以坐一起交流聯誼，許久不見的親友可以相聚關心，年輕朋友們更可以開同學會放鬆聊天，依照宴客名單的年齡層或關係來分類安排，可以讓賓客們更舒服自在的享受餐點，讓婚禮不只是一場飯局，更是一個敘舊的好場合。

2. 輕鬆互動

爲了讓現場賓客不論男女老少都可以融入婚禮氛圍，不論是跟新人的

共同親友較多而當天可以開心的與大家熟識互動，或只認識新人本人，都能享受婚禮，新人可以在每桌都安排一到兩位熟識新人也活潑的朋友來招呼賓客，所有的親朋好友都是為了新人而來，所以當天大家的共同話題當然是有關於新人的一切，所以這些樁腳就是每桌很好的橋梁，讓大家可以以新人為主話題，共同知道更多有關於新人的一切，不同時期的狀況或認識的人，一起分享每個階段不同的回憶或有趣的事，讓大家可以更參與婚禮的活動流程，一起留下美好的回憶。

3. 交友聯誼

緣分往往發生在不經意的時刻，婚禮是最幸福洋溢的場合，根據統計婚禮場合是最常會認識新朋友或譜出新戀曲的時刻，當新人正在跟大家分享甜蜜之餘，也可以趁機將雙方單身朋友或不同群組的朋友刻意安排一起入座，可讓大家藉由新人關係多加交流，相同的話題也更容易破冰拓展交誼圈，說不定還因此搭起了鵲橋，成就了下一對幸福的伴侶。

（三）小提醒

當然有時也需要顧慮到賓客狀況來安排適合的位置：

1. 年長者或小朋友不要安排在餐廳飯店出菜口附近。
2. 賓客如有行動上的不便就得多注意無障礙空間以及不要離出入口太遠。
3. 工作人員，如收禮、招待人員可安排離收禮桌近一點的位置，以利開菜後隨時注意晚到的賓客招呼。
4. 注意餐廳飯店全場的音響位置，如怕吵的賓客或嬰兒不要安排坐在喇叭下。
5. 安排座位時要注意茹葷茹素問題，宗教信仰、個人習慣。
6. 多多利用婚宴桌位表海報。桌卡輸出以及工作人員帶位讓每位賓客可以更正確快速地找到自己的位置。

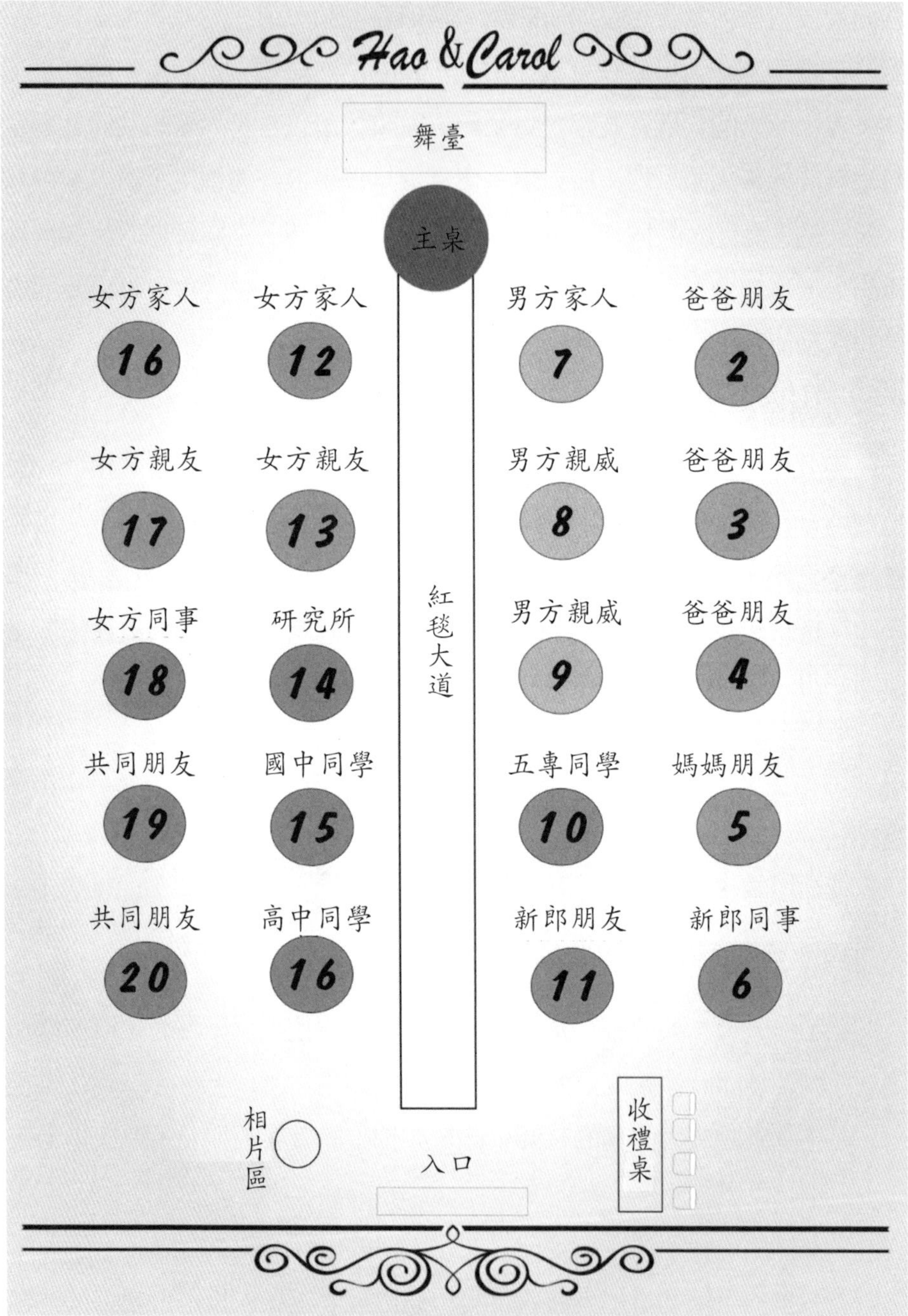

Hao & Carol

舞臺

主桌

女方家人	女方家人	紅毯大道	男方家人	爸爸朋友
16	12		7	2
女方親友	女方親友		男方親戚	爸爸朋友
17	13		8	3
女方同事	研究所		男方親戚	爸爸朋友
18	14		9	4
共同朋友	國中同學		五專同學	媽媽朋友
19	15		10	5
共同朋友	高中同學		新郎朋友	新郎同事
20	16		11	6

相片區

入口

收禮桌

7. 事前功課一定要做足，記得詢問賓客到席的人數，自己來？攜伴？帶家人共幾個人？以利位置安排，避免當天位置過多或場面稀稀疏疏的問題。
8. 注意桌位安排與中間紅毯的距離，最佳的狀況是賓客椅子拉開入座後，靠近紅毯兩側的賓客椅子不會壓到紅地毯，避免新娘長裙襬進場時可能因此會卡到影響順暢度及美感。

肆、婚禮工作人員人力分配

婚禮當天如果想要好好的享受您的完美婚禮，事前的工作分配是很重要的，我們可以將所有該完成事項列出清單，安排好人員以及布置工作，當天大家就可以各司其職，幫婚禮的所有大小事把關哨。

伴郎伴娘：可以一對，三對或六對（避免四這個數字）。

花童：一對或三對。

收禮人員：兩人一組依宴客桌數來決定需要幾組收禮人員，20 桌以內可安排 2 組，40 桌以內可安排 3 組，以上可安排 4 組以加快速度（可參見表 10-1）。

發餅人員：依照發餅數量可安排一到三位人員（賓客還未入場前收禮人員也可協助發餅人員先將喜餅拆箱裝盒以利順暢）。

「總招待」：一人（可參見表 10-2）。

「招待人員」：三到四人（25 桌內），可依照賓客的不同的群組來安排招待人員（可參見表 10-3）。

表 10-1

收禮桌備品		流程相關	
(1) 簽名本 *1（雙收 *2）		(1) 婚禮流程表	
(2) 簽字筆 *4（油性・水性）		(2) 工作人員名單（含手機）	
(3) 禮簿 *2（以上）		(3) 小遊戲活動用品	
(4) 原子筆 *4		(4) 婚禮小物	
(5) 橡皮筋 *10		(5) 進場道具	
(6) 計算機 *1		(6) 謝親恩禮物	
(7) 謝卡 *20（提供禮到人未到賓客）			
(8) 名條（招待）			
(9) 座位圖 *5			
(10) 紅包袋			
(11) 別針			
布置物品			
(1) 大相框			
(2) 相本			
(3) 婚紗照片謝卡			
(4) 相片桌框			
(5) 主題布置物			
(6) 播放用影片光碟或是檔案			
(7) 花藝布置確認			

可以依上述表格來勾稽我們當天要攜帶的物品，同時也要保持良好的睡眠帶著你們滿滿的元氣跟笑容一起來迎接這最重要的日子。

表 10-2

總招待	
* 當日依據流程及工作人員清單確認人員是否到齊並分配工作任務	
* 確認流程該使用的物品是否到位	
* 儀式完成至宴客場地重要親友之接送安排	
* 提升對賓客服務的質感	
* 安排招待帶位內容	
* 對宴客場地的統一窗口（開菜時間、桌數、以及賓客之其他需求）	
* 收禮禮金之計款	
* 婚宴完成後協助新人整理確認物品	
* 代新人結各式廠商帳款	

表 10-3

招待	
* 與總招待確認當日工作內容	
* 執行所分配之任務	
* 收禮迎賓區就定位協助賓客了解動向及座位	
* 替代新人及主人家招呼賓客	

表 10-4 人員分配表

時間	相關工作人員	工作項目
入場準備 午宴 （10:00-10:30） 晚宴 （16:00-16:30）	新人	新娘補妝休息；新郎著西裝迎接賓客
	儐相 & 花童	完成著裝
		儐相協助將布置物品、婚禮小物交給婚企人員
	總招待	熟悉場地並且了解當天桌數與素食人數
		指派工作人員協助新人與婚企測試影片
	收禮人員	收禮準備（空紅包袋、謝卡、禮金簿、簽名綢、簽名筆）
		協助分裝喜餅
	招待人員	熟悉場地與桌次位置
		協助放置位上小物放置
前置準備 午 （10:30-11:00） 晚 （16:30-17:00）	新人	觀禮儀式綵排
	儐相 & 花童	
	主婚人	
	證婚人	
茶會時間 午宴 （11:00- 開始） 晚宴 （17:00- 開始）	新人	新娘補妝休息；新郎著西裝迎接賓客
	總招 & 招待	指引賓客順序：收禮簽名→領喜餅→相片桌→賓客桌次→茶會區
	發餅人員	協助發放喜餅
	收禮人員	A：收紅包袋，請客人要把全名寫在紅包袋上 請客人往喜餅區領餅
		B：數禮金、寫在紅包上並編號（錢不要抽出來）
		C：謄寫在禮金簿上（照紅包袋上的編號和金額填寫），寫完先將紅包袋整袋（錢不要抽出來）。放到保管的紙

時間	相關工作人員	工作項目
		盒中，結算時每頁先結算一個金額，最後再加總
		D：先確認金額與紅包袋是否相符，再將錢抽出來（有時間時） 分不同面額放，最後在點總數，如果金額大，建議如下 1000 元的 100 張用橡皮筋捆起來。（可詢問宴客場地可代保管禮金）
		建議要帶 1. 一個紙盒（保管紅包）；2. 一個可以放錢的大紙袋子（外表普通看不出來是放貴重物品的），最後把保管紅包的紙盒放進去；3. 橡皮筋；4. 計算機
觀禮開始 依現場狀況 決定時間	新人	戶外儀式開始（或宴客開菜前第一次進場活動）
	主婚人	
	證婚人	
	儐相 & 花童	
	總招 & 招待	指引賓客：收禮簽名→領喜餅→觀禮區
入席準備 午宴（12:00-） 晚宴（18:00-）	新人	儀式完成後，戶外拍照→補妝→準備進場
	儐相 & 花童	準備入場
	總招待	盡量讓賓客照事先安排的桌次坐，如有賓客缺席，招待們請互相支援挪動賓客，盡量讓每桌滿坐。座位以賓客優先，招待們請主動填滿各桌空位，並回報是否開桌給總招待。
		與宴客場地確認開席時間、桌數、素食人數
		邀請主桌長輩入席坐滿
	招待人員	指引賓客入席並協助總招待
圓滿完成收尾 午宴（15:00-） 晚宴（21:00-）	儐相	伴娘可協助新娘整禮新娘房私人物品
	總招 & 招待	送完客後協助收尾及物品清點

伍、婚禮彩排注意事項

一、前置作業

當婚期越來越近，必須把所有的細項準備妥當，以下有幾個注意事項提醒。

1. 需開工作人員會議

一場完美的婚禮需要大家分工合作來爲新人分擔細項，讓新人可以在婚禮當天更自在的享受自己的婚禮，因此不論再怎麼忙，也要記得聚集所有工作人員（婚禮顧問、總招待、招待、伴郎伴娘、開禮車人員、收禮人員……）來讓大家知道當天所需要負責的事項，知道自己的任務，也藉由此會議可以順一次當日流程，大家也可以一起發現是否還有遺漏的地方沒有注意到，做好完善的事前準備。

2. 婚前記得彩排

筆上作業之後，可以在婚禮前幾天召集大家至宴客場地做活動的彩排，配合場地、音樂、燈光及動線將當日活動流程演練一遍，讓每位工作人員知道當日的定點以及減少緊張感，讓喜宴當日更加順暢。

3. 要做好攜帶物品清單

當天要帶的物品很多又繁瑣，最好可以先列出物品清單，可分爲儀式以及宴客的物品清單，在婚禮前一天打包時就可以依照清單來確認是否有東西遺漏，當天如果比較忙碌，婚顧也能依清單協助新人注意物品攜帶狀況。

4. 工作人員聯絡資料

將當天所有協助的親朋好友、聘請的專業工作人員（攝錄影、新祕、主持人、布置廠商……），將所有工作人員名單列出聯絡資訊，以利大家的聯絡以及狀況的掌控，才不會當天誰沒到都還要找新人，降低新人當天要處理瑣碎事務的機率，也讓聯絡上更有效率。

二、婚禮現場彩排注意事項

在婚禮舉行前新人可以透過流程彩排來讓流程更順暢，以下有幾個部分是彩排時要多提醒與注意的地方：

1. 工作人員需提早到熟悉環境

伴郎伴娘、小花童、證婚人……等等活動上會需要出現的角色必須請他們提早到會場熟悉環境，也要提醒他們服飾以及備品要記得帶齊。

2. 確認新祕換裝時間

除了事先知道新人有幾套衣服需要換裝以外，也可以在當天再次跟新祕打過招呼，確認每套造型需要的時間，讓活動進行時的時間更可以掌控。

3. 與攝、錄影師溝通動線及需求

彩排時也可以依現場場地狀況，與攝錄影師溝通動線以及活動的細節調整，讓活動正式進行時畫面的捕抓可以更確實順暢。

4. 提醒新人可以事前吃點東西

喜宴開始後流程較緊湊，可以在彩排時也提醒新人要吃點東西墊墊胃，讓自己身體處於最佳狀況，才不會在正式開始時肚子餓或因為緊張而胃痛、或新郎被勸酒時不會空腹喝酒不舒服。

5. 與宴客場地確認燈光音響

彩排時讓每個活動步驟都確實的跟著音樂跑過一次，除了讓進場及活動人員更知道音樂CUE點以外，讓可以確認音響設備是否音量大小合宜，是否可以配合活動氛圍運作，現場燈光是否足夠，有新人的地方是否聚光燈可以跟的到，以做最完美的呈現。

三、傳統習俗注意事項

1. 農曆七月爲民俗月，有些長輩會比較忌諱。
2. 床位安好後至新婚夜前夕，準新郎忌一個人獨睡新床，可找一位大生肖及未成年男童陪睡，如肖龍者。
3. 結婚當天，新娘出門時，姑嫂均要回避，不能相送、因爲「姑」跟「孤」同音，而「嫂」跟「掃」同音，都不吉利。
4. 在迎娶途中，如遇到另一隊迎娶車隊，叫「喜沖喜」，會抵消彼此的福份，所以必須互放鞭炮，或由雙方媒人交換花朵（簪花），以化解之。
5. 新娘進男家門時，忌腳踏門檻，應要跨過去。
6. 婚嫁之日，忌肖虎之人觀禮。
7. 歸寧當天，新婚夫婦必須於日落前離開娘家回家，不可留在娘家過夜，萬一有特殊原因不能回家，夫妻二人要分開睡，以免沖撞娘家令娘家倒楣。
8. 新婚四個月內，忌參加任何的婚喪喜慶。新婚四個月內，忌在外過夜。

陸、學習評量

一、選擇題

(　)1. 下列哪些是婚禮當天該做的事？

A. 印製喜帖　　B. 保持喜悅心情

C. 婚前健康檢查　　D. 安排蜜月行程

(　)2. 文定儀式時「戴戒指」此儀式是戴哪隻手指？

A. 食指　　B. 無名指　　C. 中指　　D. 小拇指

(　) 3. 下列哪些不是在安排賓客座位時要留意的地方？

A. 工作人員可安排坐在靠近收禮 / 入口處的位置

B. 依照父母或新人客層將同質性賓客安排鄰近區塊

C. 當天穿著最華麗的安排最前面位置

D. 可先詢問賓客到場人數？葷素食以利位置安排

(　) 4. 婚宴的前置作業有哪些需要做？

A. 開工作人員會議 & 列好人員清單

B. 事前彩排

C. 做好攜帶物品清單

D. 以上皆是

(　) 5. 迎娶時新人都會吃什麼代表甜甜蜜蜜、早生貴子？

A. 橘子　B. 甜湯　C. 雞湯　D. 棗子

二、問答題

1. 請列舉在規劃婚禮流程時，要注意的有哪一些？
2. 請簡述「主婚人」及「總招待」角色任務？
3. 收禮桌該需要有什麼備品？

解答：1.(B)　2.(C)　3.(C)　4.(D)　5.(B)

第十一章 婚禮主持人

黃維靖（Jimmy）

章節說明

壹、前言

貳、婚禮主持型態

參、如何成爲婚禮主持人

肆、靈活主持要訣

伍、婚禮大忌簡介

陸、聲音的使用方法

柒、談婚禮主持

捌、學習評量

學習目標

——研讀本章內容後，學習者可達成下列目標：

1.認識婚禮流程中所需要的四大的主持型態。

2.成爲婚禮主持人所需具備的基本功

3.婚禮中的突發狀況如何應對。

4.婚禮主持不能觸犯的禁忌以及注意事項。

5.主持人聲音掌控能力的學習。

壹、前言

幸福洋溢的戀人在交往一段時間後，如果認為彼此是值得依靠以及值得照顧一輩子的「他」或「她」，兩情相悅定下婚盟，接下來就是一連串婚禮的籌備過程，許多瑣碎的事情陸陸續續需要去籌備，例如：訂婚宴場地、試婚紗、拍婚紗、訂喜餅、買婚戒、甚至於訂購婚禮小物……等等。而這一切的籌備，最後的呈現或說是成敗，也可以稱作成果發表會，都會在婚禮現場匯集完成，就像一齣籌備已久的 Wedding Show ，一場公演。每對新郎新娘都夢想著如王子公主般，有一場人生中完美浪漫的婚禮，而這場美麗的婚禮夢需要一位專業又經驗豐富的導演，就是這場 Wedding Show 的「婚禮主持人」。

如果把這場 Wedding 當做是一場 Show ，那就需要一位「婚禮導演兼主持人」來主控維持全場，他不但要精準掌控時間，感性催淚到位，要機靈冷靜應變突發狀況，也需要熱鬧互動不冷場，這個角色極為重要，婚禮主持人要感性不灑狗血，歡樂而不戲謔，本身的台風要穩健，口齒要清晰，頭腦要邏輯，親切又有條理，穩重中又幽默。

婚禮主持人的養成非常不容易，必須集合各式的主持技巧於一身，依照一場婚禮的活動熱力曲線，變換不同的聲調，採取不同的肢體語言，精準掌控每一個環節的情緒，時而神聖莊重，時而感恩感性，時而幸福洋溢，時而歡樂創意。如果只具備單一種主持風格而不知變通，就會影響到活動情緒，專業的觀眾會感受到主持人的經驗不足，一般觀眾則會感受到婚禮不順暢，而這一切都是需要靠不斷的練習以及經驗的累積，才能造就出一位專業的婚禮主持人。

一位專業的婚禮主持人還要具備豐富的婚禮知識，也要了解婚禮中的禁忌，以免一樁喜事被搞成鬧劇，造成新人一輩子的遺憾，主持人除了盡情的展現主持才華之外，還要不斷謹記自己是婚禮中的優秀綠葉，一切的丰采不要搶過新人，新人才是每場婚禮的主角，不要把自己的地位當成整場焦點，冷落了新人，這都是大忌，切記這是新人一輩子的婚禮，不是主持人的個人秀。

婚禮主持人是挑戰性非常非常高的職業，抗壓性也要非常強，要有泰山崩於前而面不改色的本領，也要有孫悟空的七十二變應變能力。每一場婚禮都是獨一無二的，沒有複製，沒有重來，如果你準備好要接下婚禮主持的麥克風，以下的章節將會幫助你成爲一位優秀又專業的婚禮主持人，請大家仔細研讀，勤加練習。

貳、婚禮主持型態

婚禮中的主持型態是依據活動設計的高低起伏，轉換不同的表現風格，一場婚宴上需要具備的基本婚禮主持型態分爲以下四種：

	適用於	類似的主持型態	表達方式	代表人物
神聖莊重	觀禮儀式	司儀主播	清晰穩健 不溫不火	新聞主播
感恩致謝	謝親恩，謝嘉賓	訪談性主持人 觸及到心深處	溫柔慈悲 態度誠懇	沈春華
幸福洋溢	切蛋糕，倒香檳，每次進場，送客	電台節目主持人	語調性感 讚嘆驚喜	光禹
歡樂創意	遊戲活動，表演節目	綜藝節目主持人	熱情如火 戲而不謔	胡瓜

神聖莊重：

在語言的使用上要誠懇明確，不可急切不可模糊，多模擬宗教的語言方式，要感覺聲音由天上向下降臨。此時就不適合微笑感動的方式。

感恩致謝：

說話要有渲染力，要將感謝的對象當作是自己的貴人或恩人的情感。亞洲人表達感情總是含蓄保守，很多人不擅長將眞心的感受向別人（或親人）吐露，即使是自己有滿腔的感動，也很難說出口，這時就要藉由主持人帶話來代爲表達，以達到情緒出口的功用。

幸福洋溢：

使用這種語言時有一種魔力，嘴角一定要微笑，要用語言來詮釋「幸福」兩個字，同時要多用形容詞的方式來增加感動的力量，主持人要眞的相信幸福，先自己融入情感，才能感動別人。

歡樂創意：

語言的使用要幽默以及靈機應變，一定要自己眞心認爲有趣，同時要隨時注意遊戲者或觀眾的反應來調整聲音的亢奮程度，當主持人將分貝提高或語調高亢，常常會引起觀眾的注意程度以及參與程度，如果自己都歡樂不起來，觀眾一定更覺得無趣。

主持語言的功能性分爲兩種，一種是指令性的語言，另一種是製造情境的語言：

1. 指令性的語言

主要的目的是主控維持現場的狀況，或是指導群眾行爲的指令，或是說明遊戲的規則時使用。賓客在參加婚宴時呈現的是一種群眾行爲，所以要用大眾心理學的理論來進行指揮，爲了流程的順暢性，必須使用指揮性的語言來控制群眾行爲，使群眾有所依從。

2. 製造情境的語言

婚禮是一個綜合性感情的活動，常見的段落有：神聖，溫馨，感動，歡樂，熱鬧，可愛……等等，婚禮主持人常常需要依據不同的情境場合，使用語言製造出合適的感情，就像一個廣播節目主持人，在聲音上要有變化，不能一陳不變的主持，不能沒有感情的主持，感動不了自己也感動不了別人的主持是失敗的，如果主持人的工作僅是平淡的唸稿，那不如由機器來代勞。

以上兩種語言的功能，是需要交叉運用的，有了清楚的指令語言，才能引導流程順利的進行，有了情境的語言，才能做出高潮迭起或感人落淚的橋段，初學者可以先從主持稿的分段開始練習，用不同顏色的筆做出每句話的標記，再來用語言唸出來練習。

參、如何成爲婚禮主持人

一位優秀又專業的婚禮主持人不是一兩天就能夠培養成的，是要靠不斷的經驗累積，一場場的歷練所造就的，在拿麥克風之前，有許多技能是必須具備的，以下的條件，請一一的檢視自己：

一、要有站上台的勇氣

不是每個人天生都具備面對群眾演說的能力，在眾人面前開口說話，要說得清楚明白，說得言之有物，說得別人心服口服，第一，你是否可以克服緊張？緊張是人的天性，就算演說過無數次的美國總統，見識過萬人場面的球場主播，他們也一定會有緊張的時候，但是他們的緊張卻掩飾得很好，好到令所有的觀眾都認爲他們每次演說都是有備而來，演練過上萬次，並且具有天生領袖天賦，才敢站上台，但這原因是因爲他們有辦法控制緊張，這種能力來自於很強大的自信，如果你想成爲一個婚禮主持人，請先練習上台，要在台上腳不發抖，聲音不發抖，不駝背畏畏縮縮，要眼神銳利不迴避人群，直到你享受聚光燈照在身上的感覺。

二、站在台上要有台風

所謂的台風，就是大將之風，請先從自己的站姿坐姿及一切儀態練起，在台上的主持人何等威風，所有觀眾的眼睛時常注視著你，接受你傳達給他們的訊息，但如果你的儀態糟糕，又要觀眾如何聚焦？於是主持人的威信也就蕩然無存，這將表示「沒有人要聽你說話」，場面將完全失控，以下有幾點是儀態中基本要注意的事項：

1. 良好的服裝儀容：出門前或上台前先站在鏡子前面檢查自己的儀容是否 OK ，選擇的衣服及穿著是否符合婚禮的場合標準，當然也可以加上某些特別的設計，讓自己站在舞台上時可以更吸睛，但切忌太過浮誇。
2. 良好的站姿坐姿：不要站三七步表現出吊兒郎當的樣子，不要駝背畏縮，不要翹腳抖腳，每一個動作都乾淨俐落，不拖泥帶水。
3. 良好的臉部表情：要真誠喜悅，當然工作時疲累是難免的，但在面對新人及賓客時，控制自己的情緒是很重要的，尤其是當不耐煩的時候特別容易有小動作，如果讓人感受到變臉像翻書一樣快的話，就會令別人有非常不好的感受。
4. 良好的身體體味：主持人常常需要近距離與新人溝通事情，也常常需要往新人身邊靠近來處理大大小小的事情，這時一定要注意自己身上是否有異味，一來是基本的禮貌，二來這也是與新人建立關係的重要時機，當然這也包含了不要有濃厚難聞的香水味。
5. 良好的禮貌：把請，謝謝，對不起，掛在嘴邊，有禮貌的人永遠得人緣，不一定每對新人都可以敞開心房與你相對，有些新人個性嚴肅，任何玩笑都不能接受，這時只要保持禮貌及微笑，至少可以保證一定安全過關。
6. 良好的聲音穩定度：聲音也代表一個人的個性，要有良好的聲音穩定度，過尖銳的聲音讓人不舒服，過快的語言讓人充滿緊張感，過低的聲音人想睡覺，沒有吸引力，所以要讓自己的聲音保持在一定的悅耳，語調也要開心愉快，讓自己的保持在嘴角上揚的狀況下說話，基本上就可以達到及格的標準。

三、台上的語言表達

許多人喜歡拿麥克風，喜歡發言搶鋒頭，但不是每一個人在台上都能適切的發言，言之有物，而且講得令人陶醉，如沐春風。

這就是必須具備良好的發言技巧，以下幾點必須注意：

1. 口齒要清晰：指的是發音要準確，才不會造成說者無意，聽者有意的誤會。
2. 語言邏輯要清晰：指的是思路要清晰，說出來的話才會有條理。
3. 說話有內涵：平日要多閱讀，才能累積出美麗的文辭，在需要的時候才能應對如流。
4. 幽默又不戲謔：幽默的人總是受人歡迎，有他所處的環境氣氛會比較輕鬆，但要小心玩笑過頭造成別人心情不悅，尤其對個性敏感的人要更加小心。
5. 音量掌握度高：不要用大吼大叫的方式與人說話，不然就算是好意也會被人誤會。
6. 聲音表情恰到好處：找到對的情緒來說話，才能用詞達義，事半功倍。
7. 練習麥克風的使用：使用麥克風時會與自己平常聲音有些不同，要練習聽自己的聲音，習慣並找到剛好的音量與音質。

四、穩定性高，抗壓性強

在婚禮的主持現場，會有非常多意想不到的事情發生，即使你已經在事前準備好了萬全的流程，還是會有太多太多的狀況是你意想不到的，常見的有：賓客遲到嚴重，貴賓突發要求發言，政治人物突然蒞臨現場，現場上菜摔盤摔杯子，影片播放出問題，香檳塔倒塌，賓客酒醉亂場，新娘身體不適，新娘禮服出狀況，新郎醉酒無法送客 …… 等等，不勝枚舉。而身爲一位專業的婚禮主持人，要有泰山崩於前而面不改色的高度抗壓性，基本的處理原則有：

1. 了解情況
2. 安撫客人或新人
3. 做出判斷
4. 現場指揮處理
5. 臉上永遠掛著微笑
6. 聲音永遠和緩不急躁
7. 用機靈的幽默能力化解尷尬
8. 高度的智慧現場修改流程

五、親切度高，嘴甜臉笑，手腳俐落

婚禮主持人是特別高層次的服務業，不像是一般服務業或銷售貨品的便利商店員，其他行業不必對客人進行深度的了解，但婚禮主持人必須要將本場婚宴裡重要相關人士都「立刻」變成長輩或親人或朋友，融入兩家人的生活中，發揮高度的親切感，例如把雙方的主婚人當作自己的父母親一樣，把伴郎伴娘當作朋友一樣，把新人當作自己的兄弟姊妹一樣，把新人重視的貴賓當作是自己的貴賓一樣，對長輩有禮貌問候，對平輩要立刻叫出名字或綽號，對新人要照顧備至，同理新人的緊張或不安，對貴賓要禮遇有加。在這裡要聲明，以上的做法不是要婚禮主持人成爲虛僞做作的角色，而是要把新人的婚禮當作是自己家的喜事在辦理，如果能將所有的相關重要人士都掌握了，相信婚宴進行時即使遇到再多的不順利，也都能迎刃而解，獲得貴人相助。

六、熟悉婚禮流程及習俗

就像是每一個行業入行的基本知識技能一樣，要成為一個專業的婚禮主持人不能不懂得婚禮的流程及所有習俗，辦婚禮對每對新人來說都是陌生的，這時候就需要主持人帶領，婚宴前協助解答儀式習俗，表現專業，婚宴中熟記流程，引領新人進入每一個儀式或流程中，試著想想看，新人在擔任新郎新娘的角色時已經夠緊張了，也可能腦筋一片空白，走路同手同腳，這時候沒有專業主持人的依靠，心中會有多麼的慌亂。而專業主持人就是新人心中的明燈引導者，帶給新人安定的力量。

七、時間掌控精準，與餐飲人員和婚攝婚錄人員協調配合默契

一場婚宴由兩個重點部分組成，一個部分是婚宴活動，另一個部分是婚宴餐點，兩者必須相輔相成，互相配合，任何一個部分沒有掌握好時間，都會影響到整個婚宴的進行順利度，婚禮主持人要估算好每一個流程所需要的時間，確實執行，如無法按照預計的流程執行，也要有靈活的應變措施。同時也必須配合出菜速度，當出菜時間有異狀出現時，活動就要適當調整，才能在最恰當的時間點完美送客。另外，活動進行的流程由主持人一手掌握，所以主持人是最了解活動內容的人，一定要在每一段落活動進行前抽空找到攝影師或錄影師進行溝通，將接下來的活動內容簡要的告知，因為他們是婚禮重要的紀錄者，如果因為不了解流程而錯失了鏡頭或是沒有取到好的角度，那精彩的瞬間也就錯過了，有可能會造成一種婚禮的遺憾，這一點，是一位專業的婚禮主持人基本需要帶給新人的回憶。

八、精準掌握新人情緒，精準掌握現場賓客反應

人的情緒本來就是千變萬化，新人在成為新郎新娘的這一天，心情更是緊張，所以主持人一定要隨時有敏感度，看出新人的需求，感動落淚時要遞衛生紙，身體不適時馬上到身邊關切，衣服出狀況要立刻請新祕處

理，賓客敬酒時鬧得太過火導致新人變臉時也要注意，盡量安撫新人在整場婚宴的情緒是歡樂平穩的。同時也要隨時掌握賓客的反應，當會場過於喧鬧時要如何場控，當賓客酒醉瘋鬧時要有因應對策，若客人不耐時提早離場也要有備案處理。

九、玩遊戲達人，炒氣氛高手

遊戲是一場婚禮中很重要的一個部分，有許多人參加婚宴的經驗就是無聊，不有趣，以至於參加完婚宴沒有感動，只有抱怨。所以，婚禮主持人的專業非常重要，要能引領賓客融入活動中，用歡樂的心情參與婚禮活動。當然，有時即便你非常努力的主持了，但也無法討好現場三四百位的每一位賓客，但是至少在八成的賓客中，要掌握得住氣氛。自己也要平常多觀摩綜藝節目的主持人，學習如何有趣的主持技巧。同時多練習不同的遊戲，並預備好可能的狀況備案。

十、可以從唸稿練習口條開始

每一個主持人的訓練，第一步一定是唸稿，從注音符號練習咬字，從繞口令練習口齒清晰，從相聲練習抑揚頓挫，幽默機智，從報紙練習字正腔圓，也要自己練習寫日記寫文章，練習語言的溫度，聲音的感情，直到把語言訓練成一種魔法，可以感動人、說服人、指揮人。

十一、多學習多種主持風格

婚禮主持比起單一種的主持難度高許多，因為它是綜合的主持技巧，只練會了神聖莊重，但遊戲就無聊不好玩了，練會了綜藝主持時，遊戲好玩了，但觀禮又顯得戲謔不莊重了。拿捏與分寸之間非常多技巧需要學習，同時也要轉換。當各種主持技巧都具備了以後，更高段的主持技巧是「穿插」，如同多重弦樂演奏一樣，有主旋律的優雅，穿插的是合聲可以潤滑氣氛，有人說：主持可以讓新人或賓客「笑中帶淚」或「淚中帶笑」，這就是更高層的主持境界了。

十二、經驗累積非常重要——華麗的軍裝禁不起實戰的一槍

這是一句非常中肯的話，主持技巧沒有速成的，就算有再好的理論基礎，沒有實戰經驗也是枉然，但實戰是殘酷的，一定會遇到挫折，遇到失敗。即使已經身經百戰的主持人，也一定會遇到沒處理過的狀況，這一切都是經驗值的累積，上場打仗前，把自己的基本功練習好，在實戰上，要自己多努力體會，才會成爲一位出色的婚禮主持人。

十三、三高

1. 高責任感：婚禮主持的工作是非常需要責任感的，如果不能把自身融入，就很難得到信任，也就不會長久
2. 高專注力：婚禮現場狀況千變萬化，要小心專注力的維持，因爲一放鬆就有可能遇到狀況而不知該如何處理了。
3. 高抗壓性：婚禮主持人會遇到許多挑戰，而這些可能都是狀況外或不友善的，如果不能在婚宴現場 HOLD 住，就很容易慌了手腳，以至於一團亂。

肆、靈活主持要訣

當婚禮宴客開始了以後，時間就一分一秒的往前走，不會回頭也不會重來，要讓自己隨時保持靈活度，基本上所有的流程都應該照著時間順序的往下展開。但婚宴活動所存在的變數非常多，人爲的因素狀況特別多，主持人如果不能保持靈活彈性，將會整個會場大亂，流程受到影響時，主持的心情也受到影響，穩定度不夠的主持人就會開始慌亂，影響整個婚宴品質，最嚴重造成賓主不歡，造成客訴的產生。

在婚禮中常見的意外狀況有許多，以下列出發生機率高的幾種，而一

但發生了，又要如何化解？有些範例及經驗可供參考：

1. 遲到嚴重開菜晚

這是最常見的狀況，中國人愛遲到的習慣已經有所改善，但在參加喜宴時總是不會如上班打卡一樣準時，通常都是預留有半小時的等待入席時間，但往往會超過半小時，這時如果主人家猶疑不定，遲遲不肯開菜，一來賓客可能餓肚子，另一方面流程將延誤，送客也將延誤，這時就要有技巧的引導賓客入座及暗示主人家開菜。

2. 長官蒞臨臨時安插致詞

長官的蒞臨是一門藝術，一方面絕對要讓長官有面子，覺得備受禮遇，另一方面也需要多注意長官的隨興發揮，致詞時間點絕對是要精心安排的，常常發現有長官致詞，新人及主婚人在台上罰站的情形。如果是新人家庭也接受的狀況，那就照辦，如果不是，則會常常看到貴賓致詞口沫橫飛，新人卻猛翻白眼的狀況。

3. 酒後賓客要求上台亂插話

有時賓客喝多了以後，要求也就跟著變多，嚴重的時候還會上台搶麥克風，或是執意要求高歌一曲，這時可以請同桌比較清醒的賓客代爲勸告。或是先安撫對方的情緒，見機安插或順勢帶過，總之，最高的原則就是不要影響到流程的進行，除非知會新人以後，新人也同意酒醉賓客的要求，那就要小心安排。

4. 香檳塔倒塌

尷尬的香檳塔倒塌，可以以掌聲帶過，以口彩帶過，例如歲歲年年，天長地久，白頭偕老，香檳清脆的祝賀聲，幸福的熱力撼動的香檳，滿溢的幸福香檳酒連玻璃杯都承受不住了，兩人電力太強了，或請新人補個親吻帶起活動氣氛，總之就是不能什麼都不補救。

5. 新人緊張東西缺漏

常有新人緊張到忘東忘西，到了會場才發現什麼在家忘了帶，而這時新人的心理是非常緊張的，甚至是慌亂，身為一個專業的婚禮主持人最重要的就是面帶微笑走到他的面前，用安定的口氣告訴他：「 不用擔心，放心，交給我。」雖然這個時候你也許還沒有想法怎麼解決，但是當務之急是安定新人的情緒為優先，接著就是想辦法，可以思考一下修改流程，可以找一個代替品，可以用另一個橋段代替或彌補這個橋段，但在呈現上是不留痕跡的，賓客本來就不知道本場婚宴的橋段，所以不用擔心，只要一切是順暢的就好。

6. 至親出面要主導主持

如果新人也同意，可以與這位親人溝通，把主持棒交給他，自己則退居掌握時間的角色，但如果新人也不同意親人干涉，則要好言相勸，或請其他親友們幫忙，或交付總招待的角色給他，讓他找到其他角色忙碌，避免一直想上台搶麥克風。

7. 新人情緒不佳

新人有時會因為緊張把自己逼得很緊，或前一晚沒睡飽，這時就有可能情緒差，這時應該多安撫他，多讓他休息，遞水遞食物，或開玩笑讓他放輕鬆。

8. 新郎醉酒

遞上熱茶，讓新郎坐著休息，這時的新郎會有點失態，最好不要在這個時候安排照相時間，以免新人留下酒後失態的照片。

9. 敬酒危機

朋友間的熱情往往不知道節制，主持人要發揮擋酒及主導的能力，盡量讓新人能全身而退，以免新人酒醉無法送客。

10. 拿麥克風者說錯話

貴賓上台致詞有時搞不清楚狀況，會發生說錯名字或是搞不清楚狀況的言論，這時主持人要跳出來緩頰，用幽默的方式解決新人及貴賓的尷尬。

11. 父母離異家庭問題

小心處理座位的安排，搞清楚新人家庭的關係，避免衝突或尷尬。

12. 賓客鬧場或吵架

不論是感情因素或是酒後鬧事，都要注意人員安全，不要發生動手的事件，盡快安排人員將衝突人士帶離現場，先不影響其他賓客用餐為優先，請有力人士出面解決，搞清楚衝突的原因，排除衝突可能。

13. 影片播放出問題

有關機器及技術方面的測試一定要宴會前測試好，所有本場所需要的影片及音樂也要宴會前準備好，遇到機器出狀況的時候要冷靜幽默化解，可以改變流程再播放，找到彌補的方法。

14. 新娘身體不舒服或禮服出問題

立刻安排先將新娘帶離現場，避免新娘出糗，讓新娘先回房休息或整理衣服，等到狀況排除再出來見客。

15. 小花童不受控

小朋友不受控是很常發生的事情，可以準備一些小誘因，比方糖果或氣球，讓小朋友願意配合，和小孩說話時要蹲下，以直視的眼神與兒童對話，同時應請家人隨時在旁，減低兒童的不安全感。

16. 音樂停止，燈光停止

若是在用餐時間，找出原因並排除，若是在活動時間，先以代替的方案讓客人先用餐或改變流程，同時找出原因並排除。

17. 遊戲規則錯誤

遊戲規則出錯誤要靠機智反應來改變，雖然競爭遊戲力求公平，但喜宴的遊戲通常不會有賓客太計較，但也要注意遊戲者的心情，不要過分整人。

18. 意外發生處理準則順序：

(1) 穩如泰山

(2) 安撫情緒

(3) 明確處理

(4) 即時彌補

(5) 幽默化解

伍、婚禮大忌簡介

婚禮屬於禮俗，與一般百無禁忌的場合或尾牙有不一樣的區隔，尤其是中國人的婚禮，或有長輩在的場合，特別有一些不能犯的事情要注意，以下舉例一些禁忌以及處理方法：

1. 傘：若現場有傘，有人忌諱是「散」的諧音，認爲不吉利要小心處理。可以避免就一定要避免
2. 姓氏姓名搞錯，人名搞錯：非常忌諱張三嫁錯李四，如果沒有把握，一定要將新人的名字寫在手上，一直拿出來提醒自己，如果一時失神，盡量用新郎新娘來代稱，不要貿然亂說。
3. 開新人玩笑的尺度：一定要在活動前充分了解新人的個性，如果有新人的禁忌千萬不要觸碰，例如有新人覺得伏地挺身感覺很不好，就千萬不要安排這樣的活動。前女朋友的話題也不要覺得有趣拿出來調侃新郎，會造成新娘不悅。
4. 遊戲事先溝通：不要安排新人不喜歡的遊戲，遊戲規則也要事前先

跟新人溝通清楚。

5. 勿搶鋒頭喧賓奪主：婚宴不是主持人的秀，賓客們是爲新人而來的，不是爲主持人而來，要記住用自己的專業幫助新人發光，讓新人成爲最佳男女主角。
6. 就算再熟也要注意新人吃醋：站位要注意 — 女性主持人盡量站在新娘旁邊，男性主持人盡量站新郎旁邊。
7. 語調勿連續吵雜如噪音：當不需要拿麥克風的時候，就將時間留給賓客聊天及用餐，不要全場麥克風講不停，這樣會造成客人的反感。
8. 穿著要適合，勿穿著暴露顯出不專業，除非有需要配合主題，否則裝扮勿喧賓奪主。
9. 一定要注意新人忌諱的事情，比方說新人不希望屬虎的親友進入新娘房，就要特別幫他注意並告知親友們。
10. 禁止凡事都煩擾新人：主持人是要爲新人分憂解勞的，不要任何小事都一直煩擾新人，反而是要做到報告的動作，時時讓新人掌握現場目前的狀況進度，讓新人及主婚人放心。
11. 注意與新人的眼神交流：有眼神交流才知道新人現場的狀況，比方說賓客起鬨親吻，若新人不喜歡，他就會用眼神向你求救，主持人就要跳出來解圍，解圍的方式也要圓融不突兀不尷尬，要讓客人知難而退。
12. 碗盤破碎：有人覺得破碎是不好的預兆，一定要小心避免，若眞的發生了，主持人可以輕鬆口吻「碎碎平安」帶過即可。
13. 男性主持人要學會打領帶，女性主持人要學會整理禮服，而女性主持人千萬不要幫新郎打領帶，男性主持人千萬不要幫新娘整理禮服。這都是過分親密的動作，容易造成自身麻煩。

陸、聲音的使用方法

一、藍色語調

指令性的語言，會以發號施令、主控維持爲必要的語句，整場婚禮流程只有婚禮主持人最清楚整個流程，這幾個小時的所有人的行動都要依據你的指示進行，所以使用時要很清楚地指導大家下一個動作要做什麼，該坐或該站，或是現在應該要做什麼了，不然幾百個人就會像無頭蒼蠅一樣，造成現場混亂。但使用時要小心不要讓客人有被命令的感覺，出口前要經過修飾。

二、紅色語調

製造氛圍：氣氛營造必要的語句，使用的時候要帶有情感帶有溫度，婚禮是一種溫暖歡樂又幸福的活動，是否可以讓新人感受到幸福，賓客感受到幸福，這是一個婚禮主持人基本的功力，使用時要小心拿捏，以免過頭會有做作或噁心肉麻的感覺。

三、了解自己的聲音

1. 音域

每個人的音域都有所不同，可以透過練習來增加音域的寬廣度，基本上人類的音域是由胸腔到頭頂的距離，由最低沉的胸腔音，到最高亢的額頭音，可以透過山羊的叫聲及貓頭鷹的叫聲來練習，可以分爲胸腔音、喉音、鼻音、額頭音四個位置，由腹部發氣之後，依據這四個位置的共鳴，可以發出不一樣的聲音。

2. 音量

音量的大小也是可以透過練習來控制，有些人聲音大如山谷回音一樣宏亮，有些人說話小如蚊子一樣細微，都會造成聽者的感受不同，一個優秀的主持人應該要可以依照現場的活動需要來調整音量的大小，尤其是在使用的麥克風之後，聲音的音量會有所改變，要多加練習，也必須在婚禮活動前事先測過麥克風的聲音大小及清晰度，才不會在正式活動中帶給觀眾及賓客收聽上的障礙。

3. 音質

每個人都有自己說話的音質，拿一個最簡單的例子來說，當你接到電話的時候，可以馬上猜出對方的聲音，這也就表示對方的音質辨識度非常高，這也跟他發音的位置關係有關，有些歌手的發音非常容易辨識，一開口唱就知道是他的風格，這也是一個主持人需要練習的，主持出自己的風格也是必須要練習的。

4. 音律

這是說話的節奏問題，就像一首歌曲必須有它的節奏才會好聽，如果節奏亂七八糟，就覺得是噪音，也像一篇文章的斷句，沒有斷句的文章會讓人無法呼吸，而斷錯音律也會出現會錯意的問題，有時音律可以用來做強調的語詞，所以音律在主持中也是非常重要的一環。

5. 音韻

指的是腔調，台灣是個多語言多人種的島嶼，在各種婚宴場合，有的時候需要使用到不同的語言來活絡現場氣氛，比方說台語或客家話，當然在有外國賓客的場合中，偶爾的幾句外國語言是非常好的潤滑劑，正確的使用腔調可以很快地增加親切度，有了親切度，整場的氣氛就會很融合，賓主盡歡。

6. 咬字

身爲主持人，咬字是基本的能力，如果咬字不清楚，是會造成很大的誤會，這跟發音的位置和嘴型有關，平日可以多練習念誦，尤其忌諱發音不正確念錯重要的名字或名詞，ㄅㄆㄇ的練習是不可少的。

7. 聲音表情

是指在使用語言時，發言者的心境，可以分爲喜怒哀樂，這也就是爲什麼有的人說話時會讓人感覺甜美，有人說話時即使是一句好話，本意是好的，但也會激怒聽的人，使人不悅，所以要練習讓自己說話時保持微笑，嘴角上揚，你會發現說出的話像優美樂章，句句中聽。

8. 繞口令

繞口令是很好的練習，可以訓練自己的咬字正確，邏輯清楚，反應靈敏，清楚的話語非常重要，不要造成言者無意聽者有意的誤會。

9. 相聲（幽默感）

相聲的練習除了繞口令的基本功能之外，還有增加了音韻和幽默感的練習，音韻中有一點是很重要的，也就是空拍的練習，就像一場舞台劇表演，必須要有與觀眾的情感互動交流，不能連珠炮的轟炸，會使觀眾疲勞，另外，相聲中的幽默練習是很重要的，可以讓語言有潤滑劑，只要觀眾有笑有反應，接下來的主持就會順利了。

幽默感是化解人的心牆重要的鑰匙，打開了一切就會順利，但使用上要小心拿捏分寸，如果使用的不好就會變成荒唐嬉鬧，那就反而遭人反感了。

10. 助詞使用

助詞是句子的裝飾，在句子中出現這些，會讓句子更甜更華麗，例如：喔！！、哦！！、是呀！！、OK！好的！嗨！

但使用時要自然，不要刻意，刻意了就會讓人覺得做作或裝可愛的噁心感。但切忌在神聖氛圍的橋段使用。

柒、談婚禮主持

而因為某個工作機緣，我現在是一位幸福的領航員，這份工作也是一種很特別的服務業，搭載著新人，穩穩的，安心的，美美的，幸福的，穿越一段愉快的婚禮飛行旅程，抵達他們人生的新的樂土，展開新的人生旅程，這就是我的職責和使命。

一對新人，要從原本兩個人的戀愛城市，要前往共組幸福家庭的新大陸，我把婚禮過程比喻成中間連結的一趟幸福飛行旅程，搭機的那一刻，新人的心情一定是忐忑，擔心天候不佳，害怕飛行不順，更不安的是對未來兩人新生活不確定性的恐懼，而幸福領航員就是要消除新人的不安憂慮，不斷給予鼓勵，讓新人安心且舒適的將這趟旅程的信任託付給機長，在飛行旅途中，幸福領航員就是新人最信賴的朋友，也為新人的婚禮製造最難忘的回憶，而這些，會隨著飛機著陸而結束，新人會背著行囊展開新人生，而我會在機翼上向他們揮手道別，我們都知道彼此未來的生活會歸於平凡，我們之間也許不會再維繫著朋友關係，但我知道他們平安而快樂的抵達目的地了，回憶將是他們一輩子帶著的送客禮，我也必須迎接下一對登機的新人，啓程帶領他們飛往該去的幸福地。

幸福航空公司不會選擇乘客，只會把每一對登機的新人當做是此趟幸福飛行的貴賓一樣禮遇，在飛行途中我們一起做夢一起圓夢，一起面對不安惶恐，一起抵抗也許惡劣的天候，一起遇到困難及解決困難，幸福領航員的專業就是要新人放心的跟著飛行，我會帶領你們看到高山峻嶺，看到城市燈火輝煌，看到雲海奔騰，看到湖泊海洋，而這一切都是因為信任——信任帶來新幸福。

登機前，我會提醒新人乘客旅程中所需要的，以及即將可能面對的，飛行時請進情享受一輩子一次的婚禮時光，其他的雜事請都交給空服員處理。宴會結束，我會在送客時與你們拍張合照留念，不論以後你們是否還會記得我，但我更希望的你們記得的是婚禮籌備過程中的種種酸甜苦辣滋味，以及幸福婚禮飛行途中的淚水和歡笑，還有親友們為你們帶來的誠摯祝福。

下飛機時，請別忘了記得帶著大家的祝福，在你們踏上新幸福的陸地時，我會向您鞠躬揮手道別，並說聲：感謝您的搭乘！這輩子就為您服務這一次了！不要再搭乘了喔！掰掰！

捌、學習評量

一、選擇題

(　) 1. 請問下列何者非「指令性」的語言？

A. 請各位嘉賓盡速就座

B. 請中獎者可以向我們的伴郎伴娘領取小禮物

C. 戒指的圓，象徵著新人一輩子的甜蜜永遠

D. 待會離開會場的時候，請到宴會廳出口處領取您的喜餅

(　) 2. 婚禮主持人台上語言的表達該注意到的事項，哪一項是錯誤的？

A. 為了賓客們聽得夠清楚，音量盡量大聲無妨

B. 語言邏輯要清楚

C. 聲音表情要正確

D. 口齒要清晰

(　) 3. 婚禮上出現流程以外的狀況，以下的態度何者是「不妥當」的？

A. 臉上永遠保持笑容　　B. 現場指揮做出判斷

C. 聲音永遠和緩不急躁　　D. 先請示新人該如何解決

(　) 4. 以下哪一種「不適合」婚禮主持的基本型態？

A. 歡樂創意　　B. 憂鬱沉靜

C. 幸福洋溢　　D. 神聖莊重

二、問答題

1. 婚禮主持基本型態有哪四種？
2. 藍色語調的功能是什麼？目的是什麼？紅色語調的功能是什麼？目的是什麼？
3. 請舉出了解自己聲音的章節中提到的聲音的特性任三種，並簡述內容？
4. 請說明意外發生處理準則順序？
5. 請舉出婚禮主持禁忌兩項？並簡述？
6. 婚禮主持人基本要有的「三高」人格特質是什麼？請簡單說明。

解答：1.(C)　2.(A)　3.(D)　4.(B)

第十二章 婚禮行銷策略

張以嫻（Elsa）

章節說明

壹、婚顧產業的獨特性

貳、婚顧市場現況

參、價值行銷

肆、感動商機

伍、學習評量

學習目標

——研讀本章內容後，學習者應能達成下列目標：

1. 了解婚顧產業的獨特性。
2. 了解婚顧產業的顧客需求與主要客群。
3. 了解各式行銷方法並與婚顧產業結合。

壹、婚顧產業的獨特性

在談行銷婚顧行銷策略前，首先必須了解到婚顧產業的獨特性。所有的婚禮顧問必須有深刻的體認，同時也需要不斷的提醒自己：對絕大多數人來說，結婚是一輩子只有一次的事情，婚禮顧問要做的，就是協助新人將完成這一輩子的夢想，讓這一刻化爲一輩子美好的回憶。

面對一生一次的婚禮，新人往往滿懷期待夢想，卻是苦於不知從何著手。這時候，婚禮顧問一定要有同理心，透過專業的訓練與經驗，分析了解新人對於婚禮的期待與想像，以及現實面的預算與限制後，將其化作實際可行的企劃方案去執行。該怎麼說呢，婚禮顧問可以說是是幫助新人的天使，結合創意、美學等等後，打造出獨一無二的夢幻婚禮，讓新人留下難忘的回憶，並感動在場所有的賓客。

一、軟的行業

很少人會結第二次婚，也就是說，不同於一般產業 / 服務，婚顧產業很少會有重複購買的客群。但是，一場令人印象深刻、動人萬分的婚禮，現場未婚的賓客不僅會成爲未來的潛藏客戶，所有的與會來賓也都會成爲口碑行銷的最佳幫手。

婚禮顧問更是一個相當軟的行業，因爲這是一個建築在每個人最柔軟的夢想上，展現出最溫柔的一面，同時它也是一個令人舒服的行業。

因此無論這是你主辦的第一場婚禮或是一百場、一千場，婚禮顧問絕對不可以忘卻這很簡單卻重要的事情：每一場婚禮都是獨一無二、前所未有的，都是新人一輩子的回憶，而你的責任就是如何要把這場婚禮盡善盡美表現地做好它。

貳、婚顧市場現況

其實過去台灣是沒有婚禮顧問這行業的，婚禮顧問這行業，最初起源於美國，在國外盛行多年後，約在 2000 年前後，在台灣才開始有「婚禮顧問」這名詞出現。而且一開始時，民眾對於婚禮顧問與新娘祕書兩者還常搞混在一起。

約在 2004 年以後，由於政商名流的幾場知名婚禮開始聘請專業的婚禮顧問公司策劃後，逐漸引發風潮，全台的婚禮顧問公司開始蓬勃發展，甚至婚紗攝影業者、婚宴飯店等也紛紛掛上婚禮顧問列車，搶食這塊婚禮市場。

根據統計，在台灣婚禮所衍生的商機一年約有 300 億元，儘管近年來國人結婚率逐年下降，但因爲現代人工作繁忙，在時間有限的狀況下，加上愈多年輕人對自己的婚禮有不同的想法、憧憬，希望能擺脫過去傳統婚宴的模式，擁有一場既創新又獨特的婚禮，越來越多新人在結婚時，會委託婚禮顧問協助處理所有繁瑣的婚禮事項，因此婚禮顧問公司越開越多，競爭也日趨激烈。

一、是紅海？還是藍海？

由於婚禮顧問的主要工作，在於針對新人特質、預算、想法，去籌劃一場適合的婚禮。只要有適合的廠商願意配合，當整套執行婚禮企劃書專業觀念養成後，配合網路行銷後，就可以接個案的方式切入市場自行創業。當然，你若是婚紗禮服業者、攝影業者、美髮業者或是新娘祕書等，還可以更快切入市場。因此近年來婚顧市場的變化相當快速。那麼到底婚顧市場是紅海？還是藍海呢？其實這要看你對自己的定位，也就是你如何定義自己成爲怎樣的婚禮顧問？

所謂的紅海策略，就是深陷殺價血流成河的紅海市場，爲求了接到單子、做到生意，一昧的削價競爭，不分敵我都得承受獲利縮減的後果，最後只有成本掌控最好、具有規模經濟的少數廠商可以存活下來。

至於藍海策略則是避開殺價競爭，針對客戶的需求，強化自己的獨特性，創造沒有人可以競爭的市場空間，不斷細分市場、創造需求。也就是說，不以降價競爭求勝，充分展現創意，來贏取客戶的心。

短期來看，婚顧市場似乎面臨不少風險，結婚率不斷下降、從業者眾多競爭日趨激烈，但是另一方面，新人對於婚禮的要求越來越高，專屬客製化的比例不斷提升，而有能力提供專屬客製化的婚禮顧問仍是少數，因此這部分的婚顧市場仍是每年高速成長，也就是所謂的藍海市場。

如果你將自己定位在提供一般性的婚顧服務，那麼你要做的就是努力透過標準化的流程，將人力、時間成本降低。雖然在獨特性上無法與客製化婚顧競爭，但卻可吸引預算有限與價格敏感的客群，簡單的說，薄利多銷也是一種經營之道。

二、婚顧行銷方式與趨勢

行銷學有四大經典理論，即是以企業爲中心的 4P：產品（product）、價格（price）、促銷（promotion）、管道（place）四要素。以顧客爲導向的 4C：客戶需求（Consumer's Needs）、成本（Cost）、溝通（Communication）、便利性（Convenience）。著重客戶關係的關係（Relationship）、節省（Retrenchment）、關聯（Relevancy）和報酬（Rewards）的 4R 說。以及網路整合行銷 4I 原則：有趣（Interesting）、利益（Interests）、互動（Interaction）、個性（Individuality）。

婚禮顧問行業，因爲產品服務的獨特性，可發現口碑行銷佔了相當重要的因素。所以，如何做好服務的本身，讓婚禮與會的所有賓客感覺的舒服，才是行銷的重點。不過受到網路普及化影響，特別是手機上網的影響，網路口碑行銷的重要性也越來越重要。像是臉書（Facebook）在社群內影響力就相當大，尤其是結婚這樣重大事件，透過臉書張貼訊息的傳播力，更是可直接影響到許多過去不會接觸的客群，甚至是未到場的來賓。

此外，近來也可發現越來越多的婚顧公司，除了在平面媒體上刊登廣告，也會選擇在網路或是婚紗展上露出。根據個人經驗，除了口碑外，婚禮企劃書是否符合新人需要，特別是在預算掌控的執行方面，也是民眾相當重視的原因。

參、價值行銷

撇開產業商戰的紅藍海，回到婚顧的行業價值上，你會發現另一片新天地。曼都髮型連鎖業集團董事長賴孝義曾說過：「服務不能賤價出售，越貴的服務越要注重細節，小至洗手間的擺設、同仁制服等，都得讓顧客覺得掏錢很值得！」這對婚禮顧問來說，也同樣適用。如何從小地方開始做起，讓新人感受到婚顧的貼心服務與不同，才能從眾多競爭者中脫穎而出。

如何讓新人感受到不同呢？一如先前提到的，婚顧在提交婚禮企劃書前，只有一到兩次與新人見面的機會，這時候除要與新人溝通對話、完成需求問卷外，更重要的就是進一步分析潛在需要，好做出令新人感動的婚禮企劃書，也是婚禮顧問展現自身價值的時候。

婚禮顧問是從專業的角度，依照新人的需求、喜好、個性、職業、背景等條件，提供全方位的婚禮諮詢與籌辦服務。除了婚禮企劃書中，可展現自己在：主題婚宴設計、婚禮活動企劃、流程安排的專業與價值外，另外，如果婚禮現場遇到各種突發狀況的即時應變能力，更是凸顯自身專業的大好時機。

肆、感動商機

回到行銷的原點，也是婚禮顧問行業的初衷。其實，所有婚禮顧問千萬不可以忘記：好好地辦好一場婚禮，讓新人以及在場的所有賓客覺得舒服、感動，就是最好的行銷，就是最好的宣傳。

不同於其他行業的行銷手法可能需要編織故事來加深感動，婚禮男女主角本身就是最好的故事來源，可能是兩人成長的背景、相識的過程，也可能是其中的波折或是甘苦，這真真實實的生命歷程，就是最好的感動。而現場與會的來賓，這樣的故事可能聽過，也可能更是其中的一環。

當生命故事如此豐富動人，婚顧所要做的，就是如何有方法、有技巧的把這個動人的故事說給大家聽，你就是導演、就是場控，婚禮當天的任務，就是讓現場所有人感動，進而留下深刻的印象與回憶。

一、五感行銷

人類眼睛、耳朵、皮膚、鼻子、舌頭五大器官，對應著視覺、聽覺、觸覺、嗅覺、味覺等五大感覺。而人們對於環境的認知與記憶，也是來自於這五大器官。根據統計調查發現，消費者對於產品服務感受最深的，第一名是視覺佔了 30%，嗅覺佔了 23%，聽覺佔 20%，味覺佔 15%，觸覺佔 12%。

拉回到婚禮現場，我們可以知道，一進門的婚禮布置是否得宜，將是帶給賓客最重要的關鍵，其次則是現場的氣味以及音樂配合，還有婚宴美味與否跟整體擺設的感覺、家具的觸感等，無一不左右著賓客的婚禮感受。

二、超越五感　感動第一

那麼參加一場布置絕佳的婚禮，真的會留下深刻的感動嗎？你會發現，其實真正令現場賓客投入的，可能是播放著男女主角共同挑選的照片、影片，或是雙方家長上台訴說兩人幼時成長的故事。透過文字、聲音、音樂、照片、影像的呈現，現場賓客會回到充滿純真、夢想與愛，一個最溫暖、舒服的狀態，這也正是婚禮顧問這行業最迷人的地方，無需做作就能夠直達人心感動的地方。

因此你要做的就是，如何幫新人訂定一個明確的主題，用來感動自己、感動親友，進而留下長久的記憶。一但感同身受，回憶點點滴滴的湧起，就已經辦好一場成功的婚禮了。

三、做功課　充實自己

那麼如何幫新人規劃出適合的主題呢？事先的準備功課絕對不可少。除了透過新人婚禮評估表（請參照第五章）所設計出的婚禮企劃書外，在籌備婚禮期間，將不只一次與新人以及新人的親友團接觸。無論什麼時候都要用心去觀察，然後組裝拆解新人可能的需要。

這時候不妨把新人想像成自己的親人，去累積、串連、發掘兩位新人中令人感動的點點滴滴。然後發揮自己的創意，結合美學、美食、場控等，才能設計出令人印象深刻的橋段。

伍、學習評量

一、選擇題

（　）1. 婚禮顧問這個行業，起源於哪個國家？
A. 英國　B. 美國　C. 法國　D. 日本

（　）2. 下列選項中，何者爲行銷學中以企業爲中心的 4P？
A. 產品（product）　B. 價格（price）
C. 促銷（promotion）　D. 管道（place）
E. 以上皆是

（　）3. 下列選項中，何者爲行銷學中以顧客爲導向的 4C？

A. 客戶需求（Consumer's Needs）　B. 成本（Cost）

C. 溝通（Communication）　D. 便利性（Convenience）

E. 以上皆是

二、問答題

1. 對您來說，婚禮顧問要如何創造屬於自己的價值行銷？

2. 五感行銷中，是指人類的哪五種感覺？

解答：1.(B)　2.(E)　3.(E)

第十三章　婚禮顧問生涯規劃

謝偉鼎（Eddie）

章節說明

壹、如何進入婚顧市場

貳、幸福啓航你準備好了嗎？

參、婚禮顧問錯誤迷思

肆、婚禮顧問品牌概念

伍、如何樹立自我風格

陸、婚顧生涯計畫藍圖

柒、學習評量

學習目標

——研讀本章內容後，學習者可達成下列目標：

1.成爲婚禮顧問的重要基本心態。

2.如何塑造自己的品牌形象。

3.如何拓展自己的生涯規劃。

壹、如何進入婚顧市場

婚禮顧問這行業，進入的門檻低，沒有學歷、科系的束縛，也沒有工作經驗上的限制。有許多人都是從周邊的相關行業開始進入，隨著接觸婚禮累積的相關經驗，進而走入這個市場。甚至還可運用其本身學歷與所學，以提供給客戶多元化的服務與專業。

想進入婚顧市場的你，應該著重於個人的特質及心態，才是勝任與否的主要關鍵。因此建議在選擇進入婚顧產業時，可先衡量自己是否具備以下特質及心態：

一、樂觀正面

婚禮是個快樂喜悅的環境，而婚禮顧問是服務業，當遇到任何狀況的時候，都應該冷靜面對，並且心平氣和把事情解決。因此平時訓練自己有正面的思考是很重要的功課喔！

以下有幾個練習題：

a. 圖一：你去超市買了一包青菜，回到家後發現青菜包裝裡面有一隻「活青蛙」。當下你的反應是如何？

正向思考一：哇！這青菜一定很新鮮！

正向思考二：嗯！這青菜一定沒有農藥！

b. 圖二：當你發現自己的「蛋」生下來時，居然出現的是一隻……。當下你的反應是如何？

正向思考一：哇！老婆！這一定是上帝賜給我們寶貝！

正向思考二：老婆！不管孩子長什麼樣？我永遠都愛你們！

（以下題目也請你正向思考一下，然後跟周遭人分享你的答案！）

c. 我踩到了狗屎！

d. 我的 2,000 元被偷了！

e. 我的車被拖吊了！

f. 我事情太多，好累喔！

g. 我身材太胖了！

h. 醫生跟我說我癌症初期！

二、熱忱服務

婚禮顧問是服務行業，如果您有心想要做這行，在入行前應該先審視自己是否有爲他人付出的熱忱。因爲新人對婚禮總是充滿期待的，而且可能會有許多自己對婚禮的想法，因此身爲專業婚禮顧問的你，必須要很有服務熱忱、抗壓性高並具備隨機應變能力。

三、耐心

婚禮規劃從婚禮前、婚禮中、婚禮後一連串下來，是長期的抗戰，在事前準備與婚禮現場時都需要掌握許多細節，因爲大多數的人沒有經驗值，因此許多過程都會一改再改。甚至有些新人有婚前焦慮症，專業的婚禮顧問要能穩定他的情緒，開導他不安的心情。

四、同理心

結婚是實現人生夢想的一步，新人當然會要求婚禮的品質與流程都依照他自己的想法來做，婚禮顧問更要以「同理心」來看待，如果把客戶婚禮當成自己或自家人的婚禮來辦，你的出發點，會讓新人更感激婚禮顧問所提供的服務。

進入婚禮顧問這行業入門雖然沒有限制，但要成爲專業婚禮顧問這角色是需長時間的學習及磨練，並非每個人一進入婚禮產業即可以擔任婚禮顧問的角色，可能需經過各項婚禮產業角色的歷練，先建立基本概念後，再研習相關課程。

此外，還有很重要的是要建立自身在婚禮相關產業上的人際關係，因此打從你一開始接觸就要做好人脈的資源整理。例如：你可以多準備一些個人名片，周遭遇到的任何人都可以發名片，並且告知對方你的服務有哪一些？還有傳達一些你過往的經驗、經歷等資訊給對方知道，以展現你在婚禮相關的專業度是值得信任的，如此一來一步一步可建立你的人脈。但是這樣的關係模式還是很薄弱的，你與對方彼此還是沒有強度的關係，你應該還要多多探詢對方的「訊息」，一方面蒐集對方的資訊，一方面也加深你給對方的印象。這裡的角色一般我們區分爲兩大類：

1. 一般民眾

指的是未來可以接受你服務的對象。此時傳達給對方的訊息是「你的專業服務」有哪一些？如果你傳達的方向是對的，顧客會記住你，將來他本身或是周遭親友遇到相關結婚的問題，就會想跟你聯絡。關係的保持不可太過商業化，而是要像朋友、鄰居、家人的那種「關心程度」，不然反而會造成對方擔心會被推銷的心態。

2. 相關產業的朋友

指的是婚禮界相關產業的朋友，他可以是公司、也可以是個人或工作室，包含「婚紗業」、「婚攝業」、「婚禮小物」、「新娘祕書」、「樂團」、「花藝設計」、「婚戒珠寶」、「婚禮顧問」、「印刷業」、「餐飲業」、「海外婚禮」……等。婚禮顧問公司目前還沒有自己全部都經營所有的相關產業，因爲投資金額太大了，而且分工很細，不易全部掌控。一般自己會有經營一些本身比較專業的項目，其他都是跟產業各界結盟合作，而本身擔任資源統整的角色，一旦接到案子後，再根據顧客的需求，提供適當的服務。因此在跟業界相關朋友認識的時候，不管是不是同行都沒關係，如果是同行，應該表現謙卑學習的態度，因爲未來可能也會有合作的機會、或是也可能成爲同事，千萬別認爲對方會是你的「競爭對手」或「敵人」，這樣的想法會讓你喪失一些好機會跟人緣喔！若對方非跟你同行，而是其他婚禮界的相關產業，更是你要結交的對象，同樣道理，適度的表達自己謙虛學習的態度也很重要，才容易讓人家願意跟你分享經驗，進而跟你成爲彼此的合作夥伴。

而要成爲能夠面面俱到的專業婚禮顧問，至少需要二到三年的時間來學習、吸收，以累積經驗並建立專業。也建議在成爲婚禮顧問的過程中，能透過漸進式的學習，以精進自我的專業能力與技能，以下是入門者需掌握的幾個要點：

- 可從兼職或婚禮小管家（婚禮助理）入行
- 學習專案管理能力
- 多涉獵婚禮書籍及雜誌，了解產業趨勢
- 學習手工藝技能
- 累積實戰經驗
- 經營人脈

專業的婚禮顧問，雖然並不一定要每個婚禮顧問業的項目都很懂，但是身爲婚禮顧問要有判斷好壞的能力，例如：學習「攝影跟錄影」，以判斷婚禮攝影跟婚禮記錄的好壞；學習「花藝設計」或「手工藝」，以培養審美觀及必要時能隨機應變動手做；學習「影片編輯」，擔任協助新人與剪輯師溝通，如何呈現感人成長記錄的 MV；學習「化妝」以判斷如何選擇適合的新娘祕書等。婚禮顧問除了必須對此產業有熱忱之外，還需要具有了解市場需求的創意與敏感度，並在規劃上要有時間調度的能力與過人的體力，在策略聯盟上需要與周邊產業的相關業者進行良好關係，才能滿足新人所需的服務。因此透過多方面的學習，隨時充實自我專業知識，以達到未來向婚禮顧問整合發展的優勢。

貳、幸福啓航你準備好了嗎？

一、婚禮顧問需具備的特質及態度

婚禮顧問是極具挑戰性的工作，因此想擔任婚禮顧問就需具備臨機應變、反應快、創造力、自信力、耐心細心、外語能力、危機處理快、組織能力、規劃能力、議價能力、溝通能力，以及好體力等特質。需要具備以上特質是因爲，婚禮顧問在事前與婚禮現場需要掌控許多細節，因此反應必須快、危機處理佳；好體力則是因爲婚禮顧問工作非常忙碌，在週末常有婚禮活動，而平常還要幫忙處理顧客婚禮上的細節跟企劃婚禮流程等。此外，婚禮顧問要設計驚喜或精采的節目需要很好的創意與巧思，以贏得結婚新人的信賴。這樣日積月累可建立起你的口碑與個人品牌。

二、給想擔任婚禮顧問者的建議

進入這個產業初期你可能本身已具備某些專長了，但是這樣是不夠的，還必須有積極與熱情這兩個關鍵要素，或許你會說「應該每個工作都需要這些特質吧？」但對於婚禮顧問這份工作的需求條件來說，積極與熱情是更重要的。因爲如果你的工作態度不夠積極，就會讓新人沒有信任感與安全感；如果你不夠有熱情的態度，可能會因爲需要在假日、晚上工作，長時間下來導致你的熱情減退。「積極與熱情」是讓你在這個職業生涯裡維繫長久的秘密喔！

此外學習與陌生人相處也是很重要的課題。如果你能夠培養跟陌生人相處，進而成爲朋友，那麼你的人際關係就能不斷的拓展開來，這也會是支持你在這個職業長久與規模的因素之一。以下幾個提供你學習步驟的建議：

1. 不斷的學習與婚禮相關知識與技能：過程中保持謙虛學習的態度且不自滿，當與產業界友人認識的時候更要懂得彎下腰來，但不過分的卑微。
2. 經常蒐集相關流行情報：現今網路相當發達，可蒐集到的國內外產業資訊都相當多，因此可建立自己的資料庫，常常把最新穎的資訊提供給新人參考，或是當你腦海裡有不同的主題故事時，可對新人訴說，就可以完整規劃出適合新人的婚禮，讓完美婚禮在你的手中圓滿完成。
3. 多結交相關產業的友人：多與人學習請教就對了！這樣人家自然會願意跟你分享經驗，當經驗越多的時候，你可以跟顧客交談的話題也就越多了！

4. 參與職場體驗：許多的飯店、宴會廳或是婚禮顧問公司提供相關「婚禮助理」的實習機會，不妨多多參加，雖然做的是最基層的雜務工作、或許很辛勞，但是都可以讓你親身體驗這個行業的甘苦經驗。而且可藉由這些工作的管道讓你認識更多相關產業的朋友。
5. 學會察言觀色：服務顧客時不是一股腦兒把你對婚禮的相關知識或訊息告訴對方。而是要從對談中了解對方的訊息，從訊息中了解他們的需要，例如：他們預算的多寡？掌控權是誰？想要的婚禮型態？喜愛的動物是什麼？…… 太多的訊息都需要你引導他們講出來，才能知道他們的需求。因此從設計問題來提問，從蒐集資訊到歸納訊息，從需求訊息到提供意見，都能夠按部就班，這樣才是獲得顧客信任的模式。
6. 建立你的「人脈存摺」：依照上面的模式你會結交到「婚禮相關產業界」及「顧客」的朋友。可善用你從他們身上獲得的經驗，建立起你的「人脈存摺」，未來當他們自己本身或是親友們有相關需求的時候，就會想到你。

三、婚顧從業人員的職涯發展在哪裡

由於婚禮相關產業的工作項目很繁雜，職類可以分得很細。因此需要非常多的工作人員，舉凡婚紗公司、婚禮企劃人員、婚宴主持人、新娘整體造型設計師、美容師、美髮師、攝影師、錄影師、花藝設計師、會場布置、美術設計、影片製作、新娘祕書、婚禮當日到場服務人員等都是可以入門的工作機會。

婚禮顧問，這是一份很有價值，而且能夠給新人美好的回憶的工作，所以有良好且正確的態度，才能完成婚禮顧問的職責。

參、婚禮顧問錯誤迷思

一、錯誤迷思一：工作上看似光鮮亮麗的外表下，還是需經歷一番努力才能有所成就。

婚禮顧問近年成了不少年輕人所憧憬的行業，除了可以穿著光鮮、打扮亮麗、在各地飯店、餐廳的婚禮場合工作，甚至可前往海外辦理婚禮，將夢幻場景化爲眞實的呈現，並面對充滿喜氣的新人，及歡樂的工作氛圍，更讓人對這個職場充滿美好想像。但是成就這些之前，你必須要先有婚禮顧問的工作體認。

擔任婚禮顧問工作，必須要有心理準備：

1. 全天候隨時待命，假日你最忙

要先調整好一個心態，對於想要進入這個行業的人來說，需要「這是一個沒有假日的行業」，絕大多數的新人平日白天都要上班，只有利用下班時間來籌備婚禮，因此婚禮顧問的工作通常晚上才開始，加上婚禮幾乎是在假日舉行，可能別人休假的時候，反而是你最忙的時候。不過別擔心，你在平日休假其實也有許多好處，例如：可上公家機關處理自己的事務、平日出去休閒比較不用人擠人、許多住宿的飯店平日也比較便宜，或是可以享受房間升等的優惠喔！調整好心情及心態，其實也不會不好喔！

2. 工作上美麗表象與繁瑣的事務壓力呈正比

對於剛進入或是還沒有進入這個產業的人，多數沒有看到的是婚禮前繁瑣的籌備工作，不同地方的民情風俗與個人需求差異，都會讓你爲了了解新人的需求，而反覆的開會、電話聯絡及信件溝通變成是家常便飯。還有一個狀況一定要了解，大部分的新人都是「第一次結婚」，如果他不是從事婚禮相關產業，應該是不會有很多「結婚經驗」的，因此許多新人對於婚禮是既期待又害怕緊張的，擔心那天衣服會不會有問題、宴客場

所、餐點、天氣、親朋好友…… 等問題，就是婚前憂鬱症的狀態，因此懂得新人的立場，並安撫他們不安的心情、聽的懂他們遇到的問題並想辦法解決或想建議方案、了解適合新人的需求，建議最佳的婚禮籌備方式並安排籌備進度及提醒、規劃整個婚禮流程（活動、燈光、音樂、時間、道具……），事前也需與該婚禮的所有廠商溝通聯繫，如場地業務、攝影、錄影、新祕、樂團、小物、喜帖、設計、輸出、花藝…… 甚至更多。讓他們可以很放心的把婚禮交給你。但是想從事婚禮顧問工作的你也不必太過緊張，因為「萬事起頭難」，經過一年半載後，你會越來越熟悉你的工作內容，搭配好的「管理模式」及「管理工具」，妥善運用你的時間，相信你會得心應手的！

我很喜歡一部電影，片名是「型男飛行日誌」，這部片曾經獲得奧斯卡六項提名，並獲得「最佳導演」及「最佳影片」兩項大獎，男主角是「喬治克魯尼 George Clooney」（劇中飾演企業資遣專家 — 萊恩賓翰），劇情大概是敘述：

一名企業資遣專家及飛行常客——萊恩賓罕，專門幫企業主「資遣不適任的員工」，其中被裁員的不乏資深的員工，因此過程往往遇到很多衝突。萊恩因為職業關係，一直都在搭乘飛機，租車並住在旅館，他也對此樂於其中，他的全副家當都可以裝在一只手拉行李箱，他也是各大航空公司的貴賓，享受著被人服侍的快樂人生。他的人生目標就是累積到一千萬英哩的飛行哩程數，但是當他快要達到目標的時候，他的老闆（傑森貝特曼飾演）受到一名理財效率專家，納塔莉（安娜坎卓克飾演）的影響，她認為科技的發達，可運用視訊會議模式，來直接面對「被資遣者」商談，這樣可替公司省下龐大的交通費、差旅費及人事開銷等費用。如此一來威脅到萊恩要結束到處飛行的逍遙生活，回到公司當一個朝九晚五的上班族，萊恩聽到這消息後相當震驚，也與新人納塔莉產生了一些不同想法、作法上的衝突。

爲了解決他們的衝突，老闆於是請娜塔莉跟著萊恩去實際了解工作狀況，娜塔莉是一名20幾歲的理財效率專家，威脅到萊恩原來安逸的生活，但是萊恩仍然被迫必須帶著她到處旅行。在一趟工作的旅程中，他們共進晚餐，他們的對話我覺得相當棒，想跟從事婚禮顧問工作的您分享：

萊恩：「你知道我們的工作是在做什麼嗎？」

納塔莉：「我們是在幫助企業主順利資遣員工！並將可能產生的法律問題降至最低！」

萊恩笑著說：「你講的是我們公司的賣點，並非說出我們眞正是在做什麼事？我們工作的價值是：幫助那些被資遣者受傷的心靈，去渡過恐懼，並幫助他們看見生命的希望！」

看完上面那段電影裡的對話，你會發現萊恩堅持要搭機飛到「被資遣者」的面前去談判，是因爲他知道被資遣的人，心情及情緒一定非常糟糕，甚至會憤怒、抓狂，因爲他可能有房貸、車貸、有家庭有小孩要養的人，而一生奉獻給這家公司，突然間要被一位陌生人告知他被裁員了，那種心情的沮喪是可想而見的。萊恩認爲他這份工作的「價值」，並非單純幫企業主資遣員工，更重要的意義是幫助被資遣的人能看見生命的光，讓他們有勇氣繼續走下去，這就是「工作價值」。

因此想從事婚禮顧問工作的你，你的價值是什麼？

我認爲你是幫助新人，完成生命中最重要的那一位「幸福推手」！

給想要進入婚禮顧問工作的你：你必須具備有極大的服務熱忱，這份工作才能持久，給自己至少一年的時間來學習及努力，過程一定會遇到很多困難跟問題，但是這些都是造就你成就非凡的基石。那你可能會想問：「那麼……我該如何培養服務熱忱」呢？

十九世紀美國學者 Samuel Ullman 對熱忱描述說：

你因信心而年輕，因懷疑而年老；

因自信而年輕，因恐懼而年老；

因希望而年輕，因絕望而年老；

歲月吹皺了你的肌膚，

缺乏熱忱，卻擰皺了你的心靈。

隨著熱忱的增加，人們將光與熱投注在每一件事上。

那要如何培養熱忱？卡內基夫人提到：

不要在乎困難，只要一直往前衝。不要把自身的缺陷當作失敗的藉口。

我提供一些我個人運用的方法讓您參考：

1. 不以善小而不爲：盡你所能去幫助別人

台北市仁愛路三段那邊，有一所小學叫「幸安國小」。一次我在上班時開車經過那裡，由於是上班時間，因此來來往往的車輛相當多，那天在我的眼前看到兩個小女孩，神色似乎很緊張，應該是姊姊拉著妹妹過馬路上學去，繁忙的行經車輛讓她們無法通過。見狀，我立刻將車速減緩下來停在他們面前，我跟那兩個小朋友比了比「趕快通過的手勢」，姊妹兩快速的穿過馬路，當他們抵達馬路的另外一邊的時候，他們突然一起回過身來朝向我，帶著可愛的笑容向我深深一鞠躬，並向我揮手致意。故事到這裡結束了，那一天我的腦海裡都是這兩個小朋友滿心歡喜的笑容，我的心情好極了！

要不要猜猜看，我想表達的是什麼？

沒錯，生命中的喜悅，不是一定要來自於金錢、成就、或是物質。往往喜悅來自於你多一份助人的熱忱，千萬也不要小看你做的事情有多麼的微不足道，你知道嗎，這些小事情累積起來，足以成就你不平凡的事業！

從今天開始，每一天你替別人都多做一點服務，就那樣一點一點的累積。如果在冬天要你喝冰冷的水，喝起來一定不是很順口，但是當我幫你加一點溫度，再喝的時候，口感一定順口許多。100℃的水會沸騰，也可烹飪出美食佳餚；如果再加 1℃，你知道 101℃的時候會是什麼嗎？101℃就會變成「水蒸氣」，這個蒸氣的溫度跟壓力，是可以推動整艘汽船或是蒸汽火車的。因此，千萬別小看你對別人付出的這一點一滴，因爲他會產生極大的能量。想要培養熱忱，方法就跟水加溫一樣，你一定要試試看！

2. 發掘你潛在的服務熱忱能力

每個人天生的骨子裡都有「服務熱忱」，只是你忘記了這種天賦的本能。爲什麼我這樣說呢？小時候爲了獲得父母或是老師的獎賞、禮物、讚美，有時候我們會故意表現得特別好，可能是行爲上幫忙做家事、禮貌上特別謙卑有禮、做事特別積極努力，爲了就是達成目的。還有，當男女朋友在熱戀的時候，所表現出來的行爲是最清楚不過了，例如：騎車載女生會替對方多帶一件外套、逛街看電影時會替對方提包包、陽光炙熱的天氣下也得要記得幫對方帶傘遮陽、路邊買的冰飲料也會很清楚知道對方喝的是半糖少冰、吃麻辣火鍋喜歡中辣……。其實不管是男生或是女生，一旦在這個熱戀的階段時都會充滿熱忱的，而且會透過各種管道弄清楚對方喜歡吃什麼？喝什麼？聽誰的歌？不喜歡什麼？無不想盡辦法絞盡腦汁的想要取悅對方，希望營造出「貼心」、「驚喜感」與「甜蜜感」，給對方「超出期待」的無比感受，彷彿這個世界上就屬你最懂我的心。最後，在經過自己的細心與巧思的安排下，得到對方發出認同的驚嘆聲「哇」，並且流下感動的眼淚，自己的成就感頓時油然而生。

這種每個人都有過的熱忱與想要獲得對方肯定的經驗，這正是服務的最佳寫照。你有沒有發覺在這個過程中，我們非但不覺得辛苦，反而覺得甜蜜。這一切都來自於「熱忱」，因爲這些是「發自內心的希望」，希望能夠讓對方開心！相反的，少了熱忱的支持，服務將是一件枯燥乏味不耐煩的事，像是媽媽要求說：「大寶啊！去巷口幫我買一盒雞蛋！」之類的事情。

講到這邊，告訴想要進入婚禮產業的朋友們，不可以只是看到這個工作角色「光鮮亮麗」的一面，要先從自身的「興趣」培養起，而這個「興趣種子」需要培養它、隨時滋養它。前面提及的培養熱忱方法都是很好的學習方式。此外，你可透過認識各界的前輩也可以吸取很多經驗，別人的優點長處努力學習，別人的缺點或是跟你抱怨的話語，更是你可以突破的點，當別人認為是困難及問題的部分，你都可以面對，那就代表你在婚禮顧問界無可取代的「地位」了！養兵千日用在一時，多年的經驗累積，或許就只為了幫顧客在婚禮現場短短幾小時的呈現，但當看到新人充滿幸福的表情，表達對你及公司感謝的回饋，就能體會這份工作的價值。

二、錯誤迷思二：從事美容美髮造型相關行業，不代表就是「婚禮顧問」

依據行政院主計處的「統計標準分類」之「行業標準分類」，該資料顯示出「婚禮顧問」行業是歸類在「理髮及美容業」，而整體之行業分類則隸屬於「其他服務業」。「理髮及美容業」依據行政院主計處的定義為：凡從事經營理髮店、美容院、個人造型設計、美指、護膚及彩妝之行業均屬之。而未涉及醫療程序之美體、美容照護行業亦歸入本類。

由此可見，政府在「職類」的分類上會造成大家的誤解，以為從事上述行業的人，就可以成為「婚禮顧問」。雖不能說不對，但是能夠說這是對「婚禮顧問」的狹義說法。在美容造型上的專業技能的確能成就你從事此行業的利器，但是你瞭解各地婚禮的鄉土民情風俗嗎？各家餐廳的特色跟價位你知道嗎？什麼樣的婚紗造型適合什麼樣身材的新人嗎？海外婚禮的地點及價格有哪些你知道嗎？婚禮的相關專業知識你有概念嗎？尤其是現代的年輕男女對於自己的婚禮都有「自己的想法」，因此想要成為專業的婚禮顧問，還需要有更豐富的專業知識，才能讓顧客對於你的服務有更大的信任感。

而且婚禮顧問與婚禮企劃的角色也有差異，是一般人士較容易搞混的地方。我們常常誤認爲婚禮企劃即爲婚禮顧問，而且被誤認爲只要有婚禮相關的概念即可成爲婚禮顧問，這是不正確的觀念。婚禮顧問與市場上的婚禮企劃是不同職能類別的。

建議有志進入此產業的學員們，由於新人在準備婚禮時，有時會因爲缺乏溝通與協調，而產生誤會的問題，此時婚顧師的溝通能力與協調能力爲不可或缺的關鍵。此外，因爲婚顧產業爲客製化的服務業，因此需了解市場面的需求與創意、和敏感度，並且要有過人的體力能夠配合時程上的調度，與策略聯盟的能力，才能滿足新人所需的服務。

下面的表列做一下簡單的區分：

職能角色	工作內容
婚禮顧問	婚禮顧問的職能可說是最廣最完整的，對於婚禮相關的產業、禮俗、流程等專業知識也是最多的。其角色基本服務從婚禮前的籌畫至執行流程。包含了婚禮前的婚禮形式溝通、婚禮的流程如何進行、如何安排喜帖寄送、確認賓客出席、婚禮會場布置、婚禮彩排，以及婚禮當天的到場服務都能提供專業的服務。
婚禮企劃	婚禮企劃的角色一般是附屬在飯店或婚宴會場上班的婚禮流程企劃人員。其職能提供婚禮當日流程上的安排跟設計，一般較專業的婚禮企劃人員能根據新人的背景、工作、興趣嗜好等來結合流程的活動設計，甚至能擔任流程的場控人員或是婚禮上的主持人。但是市場上像飯店的婚禮企劃人員，一般僅能提供比較制式的相關婚宴服務。
新娘祕書	通常是學彩妝、造型相關科系的學生畢業後出來擔任該職務的角色。他們的服務像是新娘子的專屬造型師，是採取One By One的服務，在婚禮當天協助新娘造型更換的一種貼心服務。

肆、婚禮顧問品牌概念

現在是個資訊流通的爆炸時代，消費者隨時可以透過電腦、手機等工具在網路上蒐集到產品規格、價格、樣式、消費者使用經驗，因此各行各業競爭無所不在，所以任何商品或服務如果想要突圍，「品牌」將會是最好的保證。例如：我想吃小籠包，就會想到「鼎泰豐」；想買運動鞋，會優先考慮 Nike；想買一隻智慧型手機，會優先考慮蘋果的 iPhone；想去咖啡館，你會想到星巴克；想買腳踏車，你會想到捷安特……。因此，能夠讓消費者在心裡、印象裡，能直覺叫得出你的品牌名字。

婚禮顧問業的品牌建立一般分爲三大類：

一、企業品牌

他們接受大部分有關婚禮的服務，服務內容大至包含：

· 顧問／專案經理
· 美學設計
· 活動規劃
· 婚禮諮詢顧問
· 視覺美學設計
· 樂團 DJ
· 婚禮控管執行
· 新娘造型彩妝
· 婚禮電影
· 場地規劃
· 婚卡設計
· 婚前派對
· 場地協尋

・花藝裝置
・婚禮儀式
・餐宴設計
・禮品設計
・周邊活動
・戶外婚禮
・婚禮紀錄
・婚禮課程

因爲有店面的服務，且結合的服務比較多元化，能夠獲得顧客的信任感，但是收費可能會比較高。

二、婚顧工作室

一般由數個志同好合的業界朋友合夥組成，各自都有他們專長的領域，其營業項目爲前一項「企業品牌」中的若干服務合組起來，可應付一般民眾婚禮上的重點需求或是部分需求。一般收費會普及大眾化。

這一類的組成，通常是有幾位伙伴在某個領域，或某些領域相當專精的好手共同串連組成。例如：彩妝造型、攝影剪接、花藝布置等專家。曾經因婚禮專案跟個人或團體配合過，累積了許多經驗職，加上能與相關的廠家、工作室、個人結合服務客人，因此也有相當程度的經驗值。

三、個人品牌、個人工作室

個人的品牌要建立相當不容易，除了靠口碑的行銷以外，通常要經歷比較長時間的養成。還有個人品牌還必須擁有豐富的人際關係，才能結合業界的各行各業，因此需要付出更多的心力！

這裡提供您一些建議：

「個人」如果能建立起品牌，對你是有極大的幫助！包括你所說出來的話較有分量、影響力較大、易得貴人相助、給人觀感較好、收入來源的機會較多，自身的成就感也較大，像是「廣告代言的明星」一般，林志玲、劉家玲就是熟齡階層化妝品的最佳代言人。所以擁有個人品牌、或是經營個人品牌是很重要的。因爲不管你未來要做什麼、說什麼、賣什麼東西、創什麼業，有了個人品牌以後，你的地位及競爭力就比那些沒有品牌的「競爭者」來的有優勢。

「個人品牌」是別人對你的「既有印象」，它不是別人經過精準的研究而形成的，常常只是經年累月從與你的接觸所得到的印象，或有些只是經過第三人的描述或其他管道消息（如同事八卦、公司網路… ）而得到的。這種「既有印象」對我們在私人生活與職場上，都有極大的影響力。

打造品牌，有以下幾點建議：

1. 能表現你或是企業風格的命名

你有沒有發現，世界名牌幾乎都有簡單、好記的名稱，例如：LV 、CUGGI 、PRADA 、CHANEL 、BMW…… 等。你要盡可能去行銷自己，把名稱深植到人們的腦海中。因此，你的品牌名稱，也可以說就是你的名字，最好符合幾項要點，第一要「好記」，不要故弄玄虛或咬文嚼字，讓人想了老半天也記不起你的名字；第二要「好念」，這樣才方便讓人口耳相傳；第三要「符合個人特質」，才能讓人聯想到你；第四要「令人印象深刻」，最好是能在看到你的第一次就能產生好奇、驚豔、或強的感受力，讓人能直覺聯想。

2. 能建立與眾不同的感動

透過差異化，能夠讓你像鶴一樣的立於雞群之中，也能夠讓品牌中脫穎而出，提高獲勝的空間。例如：你的服務能把顧客的需求表列出來，並且有價位、品質的「分析」說明，讓顧客更方便比較出他的需要。像我公司裡的一位婚禮顧問，她在跟顧客洽談婚禮流程當中，知道新娘子最近迷上韓劇「來自星星的你」，於是將婚禮上新郎在觀禮的「深情告白」橋段，特別播放了「來自星星的你」主題曲當作背景音樂，讓新娘子開心的不得了！同時也驚訝於我們婚禮顧問的細膩服務。

3. 眞誠的服務

品牌的建立過程當中，必須發自內心的提供服務。不管是公司或是個人的品牌，都要誠實的跟自己回答「我是誰？」、「我在做什麼？」、「我跟別人有什麼不同？」、「我是否能提供最好的服務給我的客人？」這四個問題。

4. 如何自我行銷

品牌的形成需要大量且持續不斷的曝光，要讓別人記得你的基本條件，就是當你說話時要有人聽，且越多人越好，從前的發聲方式可能是透過報紙或電台，管道和機會有限，但現在網路時代來臨，尤其是部落格操作方便，網路就是你的最佳宣傳平台，因爲它成本低、快速、閱聽者眾多又廣、而且潛力無限，加上社交網站 Facebook 的推波助瀾，要在網路上找觀眾又更容易了。工欲善其事，必先利其器，網路和部落格正是你打造品牌的最棒工具，你一定得學會善加利用。

若你選擇的是從網路上發展品牌，就要常常提供「新作品」，也就是服務過的案例……如果還沒有很多案例可以分享，那就多尋找相關婚禮的題材來分享。你最好的策略就是定期更新資訊，最好是每天一篇，更甚者一天兩篇，在這個漫長的過程中，若無法享受這個過程，那會是比較艱辛的。

在婚顧市場，你的品牌形象建立大多來自於由你們經手接觸的婚禮新人及參與婚宴的賓客之間口耳相傳。當有一天，準新人是因爲妳或你，而選擇你所服務的單位，那麼就表示您已成功的超越企業的專業品牌，成爲被指定的專業婚禮顧問，經營出屬於個人的品牌。紐約國際管理顧問公司陳文敏總經理所著的「你就是品牌」一書提到，年薪要賺 100 萬，主要靠的是專業，想賺到 400 萬，主要靠的則是個人品牌價值。

以下將各類型的婚禮顧問列表供你參考：

婚顧品牌類型比較表

比較項目	企業品牌	婚顧工作室	個人品牌
服務種類	多元且完整	部分服務	服務項目較少
員工人數	一般爲數十人	十人以下	個人
收費	較高 可議價空間低	一般 可議價空間	經濟實惠
服務品質	爲維護企業形象，因此在顧客服務品質上會比較注重	品質不一 要看個人專業能力	品質難掌控 但能符合重點需求
品牌可靠度	高	中	低
品牌行銷模式	網路 公關活動 廣告 顧客推薦	網路 靠第三者口碑傳遞	網路 靠第三者口碑傳遞
缺點	某些服務項目不容易客製化，容易受公司的規範限制。	組成人員的品質可能參差不齊。	品質不容易掌控 不容易獲得其他消費者的經驗訊息。

不過不管是哪一類型，其中最大挑戰，就是幾乎沒有「重複購買」的客戶，爲了使客戶源源不絕上門，口碑就成爲必須全力以赴的目標。婚禮賓客通常是婚禮顧問最大的潛在客源，因此每次婚禮的執行都要相當精準，才能吸引潛在客戶，誰說每個人一輩子只消費一次的生意，就能被馬虎對待？

婚禮顧問一職，隨著經驗的累積，以及準新人的口碑相傳，收入自然呈倍數增加。口碑訊息就會成為購買決策的重要參考依據。

伍、如何樹立自我風格

想踏入婚禮顧問產業門檻並不是很高，但是僅把自己定位成婚禮的「司儀」、婚禮企劃或新娘祕書的角色，那就還不能算是眞正的婚禮顧問。想要讓自己在產業中脫穎而出的話，一定要常常自我充實，才能在競爭激烈的環境中建立個人品牌。

這裡提供一個學習流程供您參考：

一、自我的定位

自我思考一：自己是否眞的喜歡「婚禮產業」？

自我觀察點：當你接觸到婚禮相關事物的時候，是否有很高的興趣？還是興趣缺缺？

自我思考二：自己是否有足夠的熱忱在這個產業發展？

自我觀察點：你會主動接觸相關產業的人事物嗎？我喜歡結交婚禮相關產業的朋友，也喜歡跟他們分享經驗嗎？而且在接觸的時候，心情感受是愉悅的、開心的，甚至是興奮的！

自我思考三：希望自己在這個產業能做到什麼樣的程度？

自我觀察點：例如對自我有期許跟想法，像是「我至少要服務 500 對新人」的想法；「我要成為婚顧公司裡最專業的婚禮顧問師」；「我除了專業的知識以外，我還想要學習許多其他相關事物」，例如：像是花藝布置、婚禮主持、彩妝造型……等等。

假如你對上述思考的問題，都有其類似上述的「自我觀察點」，那麼恭喜你，如果你能堅持個幾年，相信你一定可以在這個產業裡樹立起自我的風格。

二、經營自我品牌

1. 把自己當成一個品牌來經營

以自己爲核心，搭配周遭的人、事、物爲元素來經營出具有個人的特色。他可以是獨特的風格的概念、可以是親切的服務的概念、可以是專業資訊提供者的概念。基本上消費者會對於他的言行舉止，存在著一份信賴感，若遇到相關的疑問也會以他的想法爲依歸。

2. 何謂自我品牌？

一般人對於「品牌」的認知，只知道是「有形的商品」、「服務提供者」，但是「個人品牌」在現今社會越來越明顯、越來越受重視。即使是在一家公司裡面，個人的風格一樣可以突顯出來，進而增加了對公司的良好形象。當然有可能是他個人的因素造成，也可能是因爲該企業、或該工作的其他元素造就了他的獨特風格，進而受到消費者的喜愛與信賴！

而有「自我品牌」的人會有一些獨特性，包含對自我的期許與要求，看一下以下表列可知道其差異在哪裡：

自我品牌的思維	無自我品牌的思維
我喜歡這份工作，而且我是爲自己而工作，不是爲老闆工作！	我目前工作是爲生活與一份薪水，也不確定未來是否還會再做這份工作。
對自我有想法跟期許，而且會有自我行銷計畫。	對自己的未來沒想法，走一步算一步，等月底發薪水。
對於相關市場資訊有敏銳度，而且會想辦法自我充電進修，學習新知識。	針對眼前工作完成即可，不會求突破或進步。

自我品牌的思維	無自我品牌的思維
會在工作領域裡面爲團隊合作，或是追求團隊的共同利益。	比較傾向於個人主義，單打獨鬥，把個人分內事務完成即可。
時時會自我評量檢測，也懂得請教前輩，以便瞭解自己還有哪些不足的地方。	凡事依照公司規定即可，以主管績效評估來衡量自己。
懂得經營人際關係，主動拓展自己的人脈。	生活圍繞小圈子、小群體。
會有個人風格，懂得包裝自己！	以模仿別人爲主。

三、如何強化「自我品牌」？

談到「結婚」，要張羅準備的事情很多，結婚新人因爲大多沒經驗，現今很多人會找上專業婚顧，洽談的過程中，新人都會重視「婚禮顧問」的「服務態度」，他們不只要求服務細節，更會觀察婚顧人員是否專業周到？報價是否確實？更重要的是透過其他新人的經驗分享。在這種狀況下「品牌和口碑」，便是消費者在挑選婚顧的首要指標。

（一）培養自我獨特專長

這種專長是能與眾不同的，或是有差異化的，能夠讓消費者對你做身分識別的。例如：蘇打綠的主唱「吳青峰」，他就是以獨特的聲音，風靡了全台。其實蘇打綠於 2001 年組成，而 2003 年 7 月，成員決定以小型巡迴表演作爲一個解散演出，第一場在海洋音樂祭小舞臺演出時，結識音樂製作人林暐哲，有了生命的轉折並成爲林暐哲音樂社旗下藝人。2004 年 5 月，蘇打綠於政大的 School Rock 活動時發行第一張單曲時，開始活躍於華語流行樂壇。

如今的蘇打綠雖然是一支簽約樂團，但由於製作人林暐哲對於音樂社採取獨立音樂的經營方式，使蘇打綠在保有獨立音樂風格的同時，亦能佔有歌壇獨特的位置，並成爲第一個在台北小巨蛋開唱的獨立音樂藝人。

這裡要強調的是：他本身具有獨特賣點，讓別人輕易認出他是誰！

（二）時時自我檢視

對自己的品牌規劃也要有「稽核」的機制，隨時檢驗自己達到的成果。例如：接洽的顧客數量、專業技能的養成、結交相關產業的朋友數……等。

（三）獨特的自我行銷定位

你有某些特質，是顧客很喜歡的，像是細心、貼心、很有耐心、很會安撫人的情緒、很會站在顧客的立場去爲他們著想。例如：前面章節中我提及公司的一位婚禮顧問，當她在跟新人洽談婚禮流程的時候，從聊天中得知新娘子最近迷上了韓劇「來自星星的你」，於是她悄悄的記錄下來，在婚禮當天有一個流程是新郎的深情告白，當背景音樂響起的時候，她特別播放了「來自星星的你」主題曲，當下讓新娘子感動不已（事後顧客將此段感想留言在「非常婚禮」的網站裡）。

（四）塑造「個人形象」

當別人還不認識你之前，很可能會「以貌取人」，你的外在形象，是不是能夠讓人家第一眼就感受到你的「專業」、或是能不能夠讓人家感覺很舒服？因此視覺形象包裝是很重要的！

1. 形象是一種溝通工具

許多品牌包裝用顏色、形體、材質等來跟別人溝通，有時候這些東西無法用文字描述！

讀者們是否有觀察到爲什麼日本製的產品包裝都相當精緻？爲什麼生產低價商品的業者，都會找名人來代言？

其實道理是一樣的，就是注重第一視覺印象，因爲會影響之後整個品牌的形象。視覺形象會傳達品牌特性的訊息，例如：該物品是昂貴？還是廉價？是有趣的？還是嚴肅的？是高雅的？還是平凡的？是精品的？還是大眾化商品？如果是講個人的話，則不論是在衣著、髮型、手錶、談吐、笑容等有形無形，都在塑造你的視覺形象。

2. 找出自我與眾不同的差異化

其實就是要你能夠「鶴立雞群」的意思，消費者在茫茫大海之中要找到可信任的專業服務者，一定要先讓他感受到你的特別之處，包裝自己可從小處著手，例如：可代表你個人的文件、名片、文具用品、手提包包、衣服顏色、甚至是 Logo 等都可以用自己視覺形象來傳遞訊息。

接下來是「內在的東西」，你的言行舉止、談吐、情感的傳遞與溝通，是不是讓別人能夠了解你的品牌特性！

（五）運用科技工具

不管是企業經營品牌、或是個人經營品牌，都應該要善用科技工具，例如「網路」、智慧型手機的「通訊軟體」。

1. Facebook 社群網路

目前還是很受歡迎的網路工具，不妨經營它，也邀請你的顧客、廠商朋友都加入你的好友名單，建立自己的粉絲團，或是建立社群組織。經營的重點有二：一是時時更新你的網站資訊，可以是顧客婚禮的照片，及你對他們的感言；也可以是相關產業的知識、或任何相關的經驗分享。二是「追蹤」你顧客的訊息，因爲他的點點滴滴可能你無法從對談完整得知，他的許多喜好、脾氣、個性都可以從 Facebook 中略知一二，甚至是他的生日、或是重要的紀念日，若你能分別記下來，這些都是寶貴的資訊，會對於你經營人際關係、拓展人脈及顧客有很大的幫助。此外，這些網路資訊能夠讓你主動出擊，找尋潛在機會；你也可以方便聚焦，找到目標市場及目標客戶。當然這些也會強化了你的「獨特性」！

2. 智慧型手機的「通訊軟體」

例如「Line」、「We Chat」等，都是可以跟對方即時聯絡的工具。也因爲大家工作繁忙，這些方便且省錢的工具，可以讓你在經營上或是聯絡顧客上如虎添翼！

在這個部分的運用需注意兩點：

1. 網路有好處就是可以不斷的連結資訊與人脈，但是過多而且沒有分類的話，就會造成雜亂無章的感覺，反而無法幫助到你。這邊要區分目標市場順序，主市場與次市場，然後你的重心應該與目標市場建立情感連結。
2. 提醒你，經營個人風格時，除了上述的方法以外，要避免讓別人對你有「政治」、「宗教」的定位，意即這些會是敏感的話題，若是顧客的立場跟你相反，就容易讓對方防範你，跟你產生距離！

陸、婚顧生涯計畫藍圖

經典電影「教父」裡所謂「離朋友近一些，但是離敵人要更近，才能更了解他」。「知己知彼、百戰百勝」，是千古不變的定律，在服務業裡，代表著要把客人當敵人看，因此要踏入這個戰場之前，一定要先觀察敵情，評估自我戰鬥力，以及自身還缺乏的有哪一些？針對專業能力的強化也是不可或缺的關鍵！

一、朝婚禮顧問的整合發展

要成爲一位成功的「婚禮顧問」，一定要多方學習相關的知識，並且不斷的攝取國內外新知，才能提供顧客完整且適合的建議。

（一）首先我們先來瞭解一下相關婚禮的產業有哪一些

	產業別	服務項目	產品細項
一	餐飲業	飯店	婚禮喜宴服務
		婚宴會館	婚禮喜宴服務
		户外婚禮	婚禮喜宴服務
		莊園民宿	婚禮喜宴服務
		外燴服務	婚禮喜宴服務
		飲品	酒、果汁、飲料
二	租賃業	場地租賃	體育館、禮堂、教堂、婚宴場所、展場
		户外場地	海邊、高爾夫球場、花園
		物品出租	服裝、道具、桌椅、影視器材
		交通工具	禮車、遊覽車租賃、其他交通運輸工具
三	服飾業	服裝／飾品	婚紗禮服、禮服訂製、周邊配件
四	糕餅業	食品業	喜餅、喜糖、結婚蛋糕、婚禮點心
五	專業人士	婚禮服務	新娘祕書、主持人、婚禮助理管家、擇日命理服務、攝錄影師、花藝設計師、會場布置、海外婚禮服務、
		美容美體	醫學美容、保養、彩妝、美髮造型
		活動服務	樂團、燈光音響、現場彩繪、大頭貼機器租賃（可設計新人的底圖樣版與賓客照片合影）、棉花糖機器租賃、小丑表演、魔術表演、造型氣球現場互動表演
六	其他		婚禮小物、婚禮相關的資訊網站、禮俗用品、蜜月旅行、家具、房仲、婚戒珠寶
七	出版印刷	印刷業	專業書籍、雜誌、喜帖、謝卡、相片、文宣品輸出、包裝、

你很有可能是從上面的某一個工作類別出來的人員，因爲工作的關係讓你可以接觸了許多婚禮相關的產業人事物等，進而引發了你的興趣。

- 婚顧公司：新娘祕書、婚禮樂團、婚禮流程規劃、禮車服務、多媒體／攝影、專業主持人。
- 婚紗公司：婚紗禮服提供、婚紗攝影、印刷／喜帖、禮服訂製。
- 餐飲業：喜宴餐點、婚禮流程規劃、專業主持人、場地布置設計。
- 其他：特殊才藝／設備、現場描繪／彩繪、海外婚禮、棉花糖、珠寶鑽戒、氣球布置、爆米花、資訊網站、拍拍樂（大頭貼）、蜜月旅行、喜餅／喜糖、婚禮小物。

進入這個行業前，本書就是很好的參考指引，就如同前面幾個單元，我提醒你的幾個基本心態、與產業的狀況。如果你幾經挫折的打擊，都還能保持高度的工作熱忱，那麼我恭喜你，未來成功的機率一定很高！

（二）婚禮顧問應該要多元學習

顧問兩個字是什麼意思呢？

顧：照顧、看顧、處理、解決、環視

問：問題、疑問、疑惑

兩個字合起來，就是照顧別人的問題，因此「婚禮顧問」就是指能夠幫助客人解決婚禮相關的問題。

婚禮相關的問題有很多，從論及婚嫁開始、合八字、擇日、民俗習慣、訂婚、喜帖邀請、迎娶、宴客等林林總總的事項非常多，你可以幫人家解決的問題有多少，就代表你存在的價値有多少。

爲了與顧客更貼近，因此對婚禮場地布置、珠寶、禮車、婚紗都加以涉獵，每月定期看國內外各種婚禮趨勢資訊與相關時尚雜誌，開拓了自身視野。

因爲比起過去的傳統婚禮模式，現代的年輕人結婚喜歡玩創意，更要與眾不同，活動更要從求婚的橋段就開始安排舖陳，甚至婚禮當天不僅僅只有宴客，更要製造出園遊會及嘉年華型式等熱鬧氛圍，因此客製化的市場就因應而生。

也因此，除了婚顧公司、婚紗公司及餐飲業有從事婚禮事業外，與婚禮產業相關工作也有愈來愈多的選擇：

舉凡：蜜月旅行、喜餅喜糖、婚禮小物、珠寶鑽戒、氣球布置、花藝布置、拍拍樂、特殊才藝表演（素描、魔術、小丑、川劇變臉等）、現場素描彩繪、棉花糖及爆米花製作都是。

因此身爲婚禮顧問的您，要學習的專業知識及人際關係經營上就得下功夫。

婚禮顧問要隨時充實自我，這也成爲我們未來向婚禮顧問整合發展的優勢。

（三）婚禮顧問產業業的競爭及合作關連性

類別	服務項目及優勢
專業婚禮顧問公司	·提供整體婚禮流程服務 ·協助規劃婚禮前中後的企劃書 ·仲介其他合作的相關婚禮廠商 ·有專業的企劃人員、主持人、場佈人員 ·和婚紗業、飯店業及其他企業合作
婚紗業者旗下的婚禮顧問	·相關資源豐富，跨足婚顧業較容易 ·由禮服部門的業務來兼任婚禮顧問角色 ·整合上游婚顧業者代找婚紗的流程 ·具有專業的造型師、攝影師、攝影棚 ·和飯店業者合作
餐飲／飯店業旗下的婚禮顧問	·爲相關婚禮費用支出的最大宗 ·具有專業的婚禮場地 ·招募或培養婚禮企劃人員來增加服務項目 ·整合上游以及增加綜效 ·向外和婚紗業者合作

類別	服務項目及優勢
SOHO 族或個人工作室	‧爲兼職的企劃人員、主持人、表演團、造型師、攝影師的工作 ‧價格及運作都較爲彈性、機動性 ‧服務水準看個人的經營程度 ‧缺點是規模無法擴大

二、婚顧生涯規劃

剛踏入這個領域的您可參考下面模式：

1. 學生

可安排到婚顧公司職場實習或是選擇從婚宴會館開始，以累積實戰經驗並了解大公司的運作方式。因爲婚禮都是在假日舉辦，因此學生也比較能夠配合實習的時間。

2. 上班族

可以先至婚禮相關行業從事兼職，以評估自己是否適合，一旦確定方向開始學習之後，即可開始經營自己的人脈，並在最快的時間累積作品及經驗。

而隨著婚禮精緻化，婚禮顧問的薪資也跟著水漲船高，甚至出現留不住人才的現象，因爲有一到兩年經驗的婚禮顧問，都想自己出來開工作室。

剛入行的新人，起薪約在 2 萬 5000 元到 3 萬元之間，而工作一年後，過半的人會自己出來開工作室，一個月約有 7 萬、8 萬元的毛利，算是門檻低，獲利高的行業。

由於婚禮顧問著重在於經驗、創意、執行能力及溝通，重點在於整合婚禮所需資源，並不一定要有專屬的產業，只需要配合顧客時間、時間彈性大，所以可以自行創業或自組工作室，工作機會隨之增加。總之，婚禮顧問的出路很廣，希望從事聘僱工作者：可以在婚禮顧問公司、專業婚宴會館（婚禮企劃）、婚禮花藝設計公司（企劃部 — 會場布置）、各大飯店（訂席或企劃）及婚紗店從業。

希望獨立工作者：以自行創業、接婚禮主持的專案、專業婚禮引導或者新娘祕書的工作，這些都可以跟婚禮顧問相關連結。

婚禮顧問工作者工作的時間得配合客戶的需求加班是在所難免的。而籌備婚禮的過程繁瑣且辛苦，具備靈活、創意以及對婚禮懷有浪漫的想像，是每位婚禮顧問必須具有的特質，而他們工作中最大的成就感，當然是來自於整體流程與結果的完美呈現。每當看到新人在婚禮現場洋溢著幸福的表情、開開心心的接受親友們的祝福，讓整個婚禮的流程順暢完美，就是這份工作所帶來最大的成就感。

結語

從現在開始，紀錄你每一天的收穫、學習到的新資訊、你每次接觸的顧客、非顧客（潛在顧客，他可能在未來成爲你的顧客，或是因爲喜歡你而幫你介紹顧客）、廠商夥伴，並將這接資訊分門別類，整理成爲你的成功資料庫，未來他會幫助你在這個事業裡發揚光大！

柒、學習評量

一、選擇題

(　　) 1. 下列哪些是一位稱職的婚禮顧問，應該具備哪些基本態度？

A. 樂觀正面　　B. 耐心及同理心

C. 熱忱服務　　D. 以上皆是

(　　) 2. 下列哪些何項不是強化「自我品牌」的重點？

A. 應培養自我獨特專長　　B. 要有獨特的自我銷售定位

C. 塑造良好的「個人形象」 D. 蒐集資料

( ) 3. 下列哪些是「專業婚禮顧問公司」提供的服務內容？

A. 提供整體婚禮流程服務

B. 協助規劃婚禮前中後的企劃書

C. 仲介其他合作的相關婚禮廠商

D. 以上皆是

( ) 4. 下例針對「婚禮顧問」的敘述何者不正確？

A. 需靠經驗、創意、執行能力及溝通，重點在於整合婚禮所需資源

B. 婚禮顧問工作者工作的時間得配合客戶的需求加班是在所難免的

C. 婚禮顧問需要繪畫新娘妝及新娘造型

D. 婚禮顧問需要了解餐飲、服飾、場地等相關行業。

( ) 5.「爲維護企業形象，因此在顧客服務品質上會比較注重」是哪種婚禮顧問型態的描述？

A. 飯店的婚禮顧問 B. 婚顧工作室

C. 有品牌的婚禮顧問公司 D. 個人品牌的兼職上班族

二、問答題

1. 請列舉婚禮顧問從業人員的職涯發展有哪一些？
2. 請簡述婚禮顧問應該如何強化「自我品牌」？
3. 請說明一下一位稱職的婚禮顧問應該培養哪些特質？

解答：1.(D) 2.(D) 3.(D) 4.(C) 5.(C)

國家圖書館出版品預行編目資料

婚禮顧問／李佩純等著. -- 三版. -- 臺北市：五南圖書出版股份有限公司, 2020.02
面；　公分
ISBN 978-957-763-696-6（平裝）

1.婚禮

538.44　　108016196

5Y01

婚禮顧問

作　　者 — 李佩純（82.5）　張以嫻　謝偉鼎
陳怡均　黃維靖
總 策 劃 — 冠菁行銷顧問有限公司
發 行 人 — 楊榮川
總 經 理 — 楊士清
總 編 輯 — 楊秀麗
副總編輯 — 王俐文
責任編輯 — 金明芬　許子萱
封面設計 — 斐類設計工作室　王麗娟
出 版 者 — 五南圖書出版股份有限公司
地　　址：106台北市大安區和平東路二段339號4樓
電　　話：(02)2705-5066　　傳　　真：(02)2706-6100
網　　址：https://www.wunan.com.tw
電子郵件：wunan@wunan.com.tw
劃撥帳號：01068953
戶　　名：五南圖書出版股份有限公司

法律顧問　林勝安律師事務所　林勝安律師

出版日期　2015年 1 月初版一刷
2016年 2 月二版一刷
2020年 2 月三版一刷
2021年 4 月三版二刷
定　　價　新臺幣400元